사이에서, 그림책 읽기

사이에서, 그림책 읽기 ⓒ김장성, 2022

2022년 1월 31일 1판 1쇄 | 7월 11일 1판 2쇄 펴냄

지음　　김장성
꾸밈　　홍윤이
살림　　김선영
알림　　안정은
펴낸 곳　　이야기꽃 | 서울 마포구 연남로13길 17
전화 070-8797-1656 | 전송 02-6499-1657 | iyagikot@naver.com
ISBN 979-11-92102-05-4 03810
소통, 공감, 평화! 함께 피우는 이야기꽃 http://iyagikot.com

 큐알코드를 스캔하면 이야기꽃의 도서목록으로 연결됩니다.

사이에서, 그림책 읽기

김장성

먼저 읽은 이의 말

꼭꼭 숨어 있는 '사이'를 읽어 낸 글들

육아에 지쳐 우울감을 느낄 때였습니다. 남편이 잠든 밤, 홀로 거실에 앉아 그림책 《민들레는 민들레》를 마주했고 저는 펑펑 울었습니다. 왜 눈물이 났을까 당시를 복기해 봅니다. 그림책의 명료한 문장과 충분한 여백이 무너진 제 자존감을 치유해 줬기 때문이었습니다. 저는 그림책을 사랑하게 됐습니다. 《민들레는 민들레》의 작가이기도 한 이 책의 저자는 그림책을 '사이'의 예술로 정의합니다. '사이'이기도 하고 '여백'이기도 한 그 공간을 제대로 느끼면 좋겠지만 그게 힘들어 그림책이 어렵다는 분도 있습니다. 정말 다행입니다. 이 책을 보면 그림책에 꼭꼭 숨어 있는 '사이'들을 어떻게 읽어 내야 할지 충분하게 감이 잡힐 테니 말이지요. 깊이 있게 그림책을 안내하는 이 책을 저는 오랫동안 곁에 두려 합니다.

문지애 (방송인, '애TV' 그림책학교 원장)

질문하는 어른이 더 많아지기를

"그림책이 다 무슨 소용이지? 아이들이 살아갈 세상은 이렇게 팍팍하기만 한데." 뉴스에서 흘러나오는 말에 한숨 푹 쉬면서 이런 생각을 한 적이 있습니다. 저처럼, 살다가 문득 힘이 쭉 빠진 적이 있다면 이 책을 꼭 펼쳐 보세요. 우리가 발 딛고 사는 세상과 그림책 '사이'를 오가면서 사람답게 살기 위해 고민한 흔적이 여기 있습니다. 김장성 작가처럼 한 손에 그림책을 들고 또 한 손으로 신문을 넘기며 질문하는 어른이 더 많아졌으면 좋겠습니다.

이현아 (교사, 좋아서 하는 그림책 연구회 대표)

사이에서, 그림책 읽기

여는 글

괴물이 되지 않으려고 그림책을 읽는다

한 아이가 맑게 웃으며 친구에게 말한다. "우리 집 진짜 좋아! 우리 집에 놀러 올래?" 친구가 웃지 않으며 아이에게 대답한다. "너네 집 3단지잖아. 거긴 임대아파트야. 임대가 뭐가 좋아! 우린 학원 가야 해." 그러고는 다른 아이와 총총 가 버린다. 맑게 웃던 아이의 얼굴이 굳어 버렸다.

르포 기사의 한 대목 같은 이 풍경은 그림책 《우리 집은》(조원희, 2021)의 한 장면이다. 아이는 '식탁과 욕조가 있고 거실에 바람이 통하는' 집으로 이사와 한껏 행복해하던 터. 예전 집에서와는 달리 네 식구가 다 같이 식탁에 앉아 밥을 먹고, 아빠랑 동생이랑 함께 목욕을 하고, 더운 날 시원한 잠을 잘 수 있는 게 그리도 좋았다. 그래서 그 '좋은 우리 집'에 친구를 초대하고 싶었다. 그러나 친구에게 그 집은 '자가'도 '큰 평수'도 '민영'도 아닌 '임대'일 뿐이었다. 그래서 싸늘한 얼굴로 아이의 초대를 일축해 버렸다. 아이는 웃음을 잃고, 친구는 남의 웃음을 빼앗은 괴물이 되어 버렸다. 르포였다면, 상처 입은 '임대' 아이는 오래 아팠을 테고 아이의 엄마는 서글픈 처지를 한탄하며 오래 울었을 것이다.

그러나 다행히도 그림책 속에서는 그렇지 않았다. 아이는 "여기 우리 집 아니야? 임대에 살면 부끄러운 거야?"라 묻고, 엄마는 아이를 꼭 안아 주며 이렇게 대답한다. "우리가 살고 있으면 우리 집이지. 그렇게 말하는 사람이 부끄러운 거야." 그러자 웃음을 되찾은 아이가 다시 말한다. "사람들은 몰라. 우리 집이 얼마나 좋은지. 나는 알아. 우리는 알아." 그 '좋은 우리 집'으로, 하루 일을 마친 아이의 아빠가 치킨 봉지를 들고 씩씩하게 걸어온다.

집이란 무엇인가? 무엇이 '우리 집'인가? 우리가 생각하는 집은 진짜 '집'인가?… 사람은 사람을 어떻게 대해야 하는가? 우리는 전복된 가치를 기준으로 타자를 멸시하고 있지 않은가? 누가 아이들을 남의 웃음을 빼앗는 괴물로 만들고 있는가?… 이 짧은 그림책이 우리에게 던지는 질문이다.

그림책은 '사이'의 예술이다. 글과 그림 사이, 장면과 장면 사이, 관념과 표현 사이, 내용과 형식 사이, 어른과 아이 사이, 상상과 현실 사이…. 그림책은 그 사이를 설명하지 않는다. 그래서 그림책을 읽는 일은 사이를 읽는 일이다. 사이를 직관하여 의미에 닿는 일이며, 사이를 통찰하여 의미를 분석하는 일이다. 그 과정을 통해 우리는 삶의 표피보다는 본질에 주목하게 되며, 답을 얻기보다는 질문을 품게 된다. 왜 사는가, 어떻게 살아야 하는가, 무엇이 가치 있는 것인가…?

"사람 되는 거 힘들지만 우리, 괴물은 되지 말자." 영화 〈생활의 발견〉(홍상수, 2002)에서 몇 차례 반복되는 이 대사는 우리가 사람의 삶과 괴물의 삶 사이에 살고 있으며, 사람답게 살기가 괴물처럼 살기보다 더 어렵다는 사실을 환기시킨다. 실제로 신문을 펼치거나 뉴스를 들어 보면 그 사실은 바로 실감이 된다. 사람이 괴물 되기, 사람을 낳아 괴물로 키우기가 얼마나 쉬운 세상인가.

《내가 정말 알아야 할 모든 것은 유치원에서 배웠다》(로버트 풀검, 2004)는 31개 언어로 번역되어 1,700만 부가 팔린 책이다. 제목만으로도 알 수 있는 이 책의 주장에 많은 사람들이 공감한다는 뜻일 테다. 유치원에서는 사람답게 사는 데에 가장 기본적인 것을 배운다. 그림책이 말하는 것들과 다르지 않다. 괴물이 되지 않기, 그리고 괴물로 키우지 않기는 어렵지만 복잡한 일은 아니다. 유치원만 제대로 마쳐도, 그림책만 잘 읽어도 가능하다. 그러니 함께 그림책을 읽어 보자, 사람과 괴물 사이에서. 이 책은 글쓴이가 그렇게 그림책을 읽은 기록이다.

• 일러두기

이 책은 글쓴이가 2015년부터 2018년까지 한국일보의 기획 칼럼 '그림책, 세상을 그리다'에 연재했던 서평 글들을 중심으로 엮은 것으로, 칼럼의 경우에는 게재일을 그 밖의 글들은 쓴 날짜를 글 말미에 표기했습니다.

그림책 서평의 특성상 다룬 책의 일부 본문 이미지를 출판사와 작가들의 협조를 받아 함께 실었습니다. 다만, 대부분의 번역 그림책과 출판사의 협조를 받지 못한 일부 그림책은 표지만을 실었으니 실물 책이나 인터넷서점에 게시된 본문 이미지를 참고하시기 바랍니다.

이 책에 실린 그림책 본문 도판의 저작권은 모두 작가에게 있습니다.

차례

여는 글 - 괴물이 되지 않으려고 그림책을 읽는다　　8

1. 공감의 힘

동물 세상에서 벌어진 배려와 연대의 잔치 《안아 줘!》　　19
고개 들어 위를 보자 《위를 봐요!》　　22
시제가 뒤섞인 사람들에게 필요한 것 《고양이 나무》　　27
다가가 길을 일러줌이 인지상정 아닌가 《도착》　　32
그 눈길들 보태어지면 시골마을이 다시 떠들썩해질까 《메리》　　37
횡사한 주검들에게 베푸는 씻김굿 《잘 가, 안녕!》　　42
그 배는 어떻게 떠오를 수 있었나 《너였구나》　　47
이 '오토바이 가족'은 행복할까, 불행할까 《달려라 오토바이》　　51
잃어버린 본성을 되찾으려면 《서로를 보다》　　55
취준생 선아가 안전모를 쓴 까닭 《선아》　　59
누구나 접어 둔 꿈 하나씩은 있을 터 《앙코르》　　63

2. 사람답게

인간의 자격 《거울 속으로》 71
화가가 빈 공장에 들어간 까닭 《빈 공장의 기타 소리》 76
냅두면 이처럼 잘 살아가는 사람들 《할머니, 어디 가요? 앵두 따러 간다!》 81
"비가 와도 장사는 하지, 그럼!" 《이야기를 그려 드립니다》 85
"너희 입에 들어가는 것을 내가 짓는다!" 《나는 농부란다》 90
한여름에 봄 그림책을 펼치는 이유 《봄이다》 95
거리의 음악가에게 건네는 동전 한 닢 《길거리 가수 새미》 100
누가 실망을 기대로 바꾸어 주었나 《아주 아주 큰 고구마》 106
"그래서?"라고 말하기 《플릭스》 109
저쪽에 서서 이쪽을 보라 《상상 이상》 113
지금 여기에 필요한 생존 전략 《콤비》 116
노 하나 들고 나아가는 아이들의 앞길에 《노를 든 신부》 120
'태어나길 잘했다'고 말할 수 있을까 《평화란 어떤 걸까?》 126
잘 늙어 죽을 준비를 하자 《할머니네 집》 130

3. 유년의 얼음판

내 안의 어린이를 만났다 《장수탕 선녀님》 　141

넘어져 그 시간들을 기억해 낼 수 있다면 《선》 　146

프랜차이즈와 젠트리피케이션과 아이들 《소중한 하루》 　151

그렇게 사람의 대가 이어져 간다 《나의 아버지》 　156

대통령이 그림책을 읽어 준다면 《고구마구마》 　160

그것으로 충분하지 않은가 《구덩이》 　164

모자라다고, 과하다고 내치지 말라 《답답이와 도깨비》 　170

우산의 본질 《아저씨 우산》 　175

말이 말 같지 않아 보이니 《달려, 토토!》 　179

아이와 어른의 마음을 이어줄 수 있다면 《나 때문에》 　183

내일 또 코끼리를 만날 수 있을까 《꽃에서 나온 코끼리》 　188

무서운 괴물을 맞이하는 방법 《괴물이 오면》 　193

마음이 자라는 데에 정말 필요한 것은 《이까짓 거!》 　198

"그러니 너무 안타까워하지 말아요." 《토마토》 　203

4. 사이에서

거대한 자들에게 내리는 축복 《뿔쇠똥구리와 마주친 날》	209
'남자다움'과 '사람다움' 《근육 아저씨와 뚱보 아줌마》	214
다만 그 사랑이 진실하기를 《사랑해 너무나 너무나》	219
삶과 죽음 사이에서 깨달은 셈법 《코끼리 똥》	223
차라리 흰 들개로 살아남아라 《검은 강아지》	227
커다란 권력과 조그만 순리 《커다란 것을 좋아하는 임금님》	231
우거진 물풀 속에서 무슨 일이 일어났을까 《이건 내 모자가 아니야》	235
"온다!"와 "왔다!" 사이 《어리석은 판사》	239
이 이야기의 주인공은 누구란 말이냐 《아무도 지나가지 마!》	243
대들지 않는 것들은 힘이 없는가 《참파노와 곰》	247
그림책 속에서나 가능한 일일까 《제무시》	251
끝내지 않아도 괜찮은 전쟁은 없다 《숨바꼭질》	256
작은 관심이 아픈 영혼을 구한다 《울음소리》	261
붙이는 글 - '구월산 산도적'의 말간 목소리	271

1. 공감의 힘

공감의 눈길이 절망에 빠진 사람을 구한다.

동물 세상에서 벌어진 배려와 연대의 잔치
안아 줘!

제즈 앨버로우
웅진주니어

아무 근심 없는 아기 고릴라, 아장아장 걸어간다. 통통 뛰어간다. 문득 엄마 코끼리가 아기를 안고 있는 장면과 마주친다. "안았네." 그러고 보니 카멜레온도, 커다란 뱀도 모자간에 서로를 꼭 안고 있다. "안았네." "안았네." "…" 목소리는 잦아들고 표정은 점점 시무룩해진다. 자기를 안아 줄 엄마가 곁에 없는 탓이다.

"안아 줘." 아기 고릴라는 엄마 코끼리에게 매달리고, 코끼리는 묵묵히 너른 이마를 내어 준다. 이마 위에 올라타고 집으로 가는데 꼬마 사자도, 어린 기린도, 아기 하마도 엄마 품에 안겨 놀고 있다. "안았네." "안았네." "안았네…." 더 이상 부러움을 견딜 수 없다. 아기 고릴라는 엄마 코끼리의 코끝을 딛고 서서 소리친다. "안아 줘!" 쪼그려 앉아 훌쩍인다. "안아 줘." 모든 동물들이 아기를 둘러싸고 어쩔 줄 몰라할 때, 엄마가 나타난다. "보보야!" 아! 아기 고릴라의 이름이 보보였구나. "엄마아-!" 정황을 보아하니 엄마는 잠시 외출했다 돌아왔을 뿐인 듯한데 둘의 만남은 거의 이산가족 상봉이다. 모여 있던 동물들이 일제히 소리친다. "안아 줘!" "안아 줘!" "안아 줘!" 드디어 엄마 품에 폭 안긴 보보, 세상을 다 얻은 얼굴이다. "안았어." 만족스러운 목소리가 책 속에서 들려온다.

여기서 이야기가 끝난 줄 알았다. 하지만 아직 남아 있는 피날레. "안아 줘!" 모든 동물들이 소리치며 서로서로 얼싸안는다. 고릴라가 사자를, 사자가 기린을, 기린이 하마를, 하마가 다시 코끼리를. 카멜레온이 뱀의 허리를 끌어안고, 뱀과 사자가 꼬리를 이었다. 사자와 하마가 어깨를 걸었다. 가히 종을 초월한 포옹 잔치다. 보보는 기린의 뿔을 딛고 만세를 부른다. 세상에서 가장 만족스러운 표정으로. 어쩌면, 작가는 바로 이 장면을 그리고 싶어서 이 책을 만들었을지도 모른다.

나 몰라라 하는 인간 세상이다. 이웃의 아이가 아비에게 맞아 죽은들, 움직이지 못하는 장애인이 화마를 피치 못해 숨을 거둔들, 가난한 예술가가 굶어죽은들, 벼랑 끝에 몰린 어느 집 가장들이 목숨 걸고 굴뚝에 오른들, 막 피어나던 어린 생명들이 국가의 방관 앞에 떼로 수장을 당한들 내 자식, 내 형제, 내 가장이 아니면 고개를 돌려 버리는 삭막한 세상이다. 아니, 그도 모자라 그 가족들의 절규를 시끄럽다고, 길 막힌다고, 돈 바라고 저런다고 욕하고 손가락질하고 잡아가는 모진 세상이다.

잠시 엄마와 떨어진 남의 아기를 위해 제 품을 내어 주고 지켜봐 주고 안쓰러워해 주는 동물들의 이야기를 보며, 그 배려와 응원과 연대의 잔치를 보며, 아기 고릴라 보보의 한없이 행복한 표정을 보며 자꾸 목이 메는 까닭이다. 한없이 부끄러워지는 까닭이다.

2015.6.26.

고개 들어 위를 보자
위를 봐요!

정진호
현암주니어

이곳과 저곳 사이에 '공간'이 있다. 공간은 '빈 사이'이니 무언가 오가고 채워질 가능성이다. 이곳과 저곳에 사람이 있다면 그 사이에는 '시선'이 오가고, 오가는 시선은 관계를 빚어 공간을 채운다. 차갑게 또는 따뜻하게.

그런데 시선을 일컫는 말들의 대부분이 차갑고 일방적인 뜻을 담고 있는 까닭은 무얼까? 무시, 멸시, 천시, 경시, 감시, 좌시, 질시, 냉시, 홀시, 도외시, 백안시, 적대시, 등한시, 사갈시…. 주시나 직시 정도가 중립적이건만 그나마 '부드러운'이나 '사랑스런'처럼 다정한 말과는 어울리질 않는다. 어떤 시선이 사람과 사람 사이를 따뜻한 공간으로 만들어 줄 수 있을까?

그림책을 펼쳐 본다. 사고로 다리를 잃은 수지가 높은 아파트 베란다에서 휠체어에 앉은 채 거리를 내려다본다. 무채색의 거리에 눈도 코도 입도 보이지 않고 검정 머리만 보이는 사람들이 빠르게 지나간다. 가끔 아이들과 강아지가 놀기도 하지만 역시 얼굴은 볼 수가 없다. 비가 오면 사람을 가린 우산 지붕만 줄지어 지나가고, 날이 개어도 우산 지붕이 머리로 바뀔 뿐 온전한 사람의 모습은 볼 수가 없다. 급기야 그저 한 곳으로 흘러가는 검은 강이 되어 버린 막막한 거리를 향해 수지가 외친다. "내가 여기 있어요. 아무라도 좋으니…. 위를 봐요!" 문득 검은 강물이 걷히고, 한 아이가 고개 들어 수지를 마주보고 있다. 아니, 아이가 고개 들어 수지를 마주보자 강물이 걷힌 것인지도 모른다.
시선을 마주하니 대화가 시작된다. "너 뭐하니?" "내려다보고 있어." "왜?" "궁금해서." "아래로 내려와 보면 되잖아." "다리가 아파서 못 내려가." "거기서 보면 제대로 안 보일 텐데." "응, 다

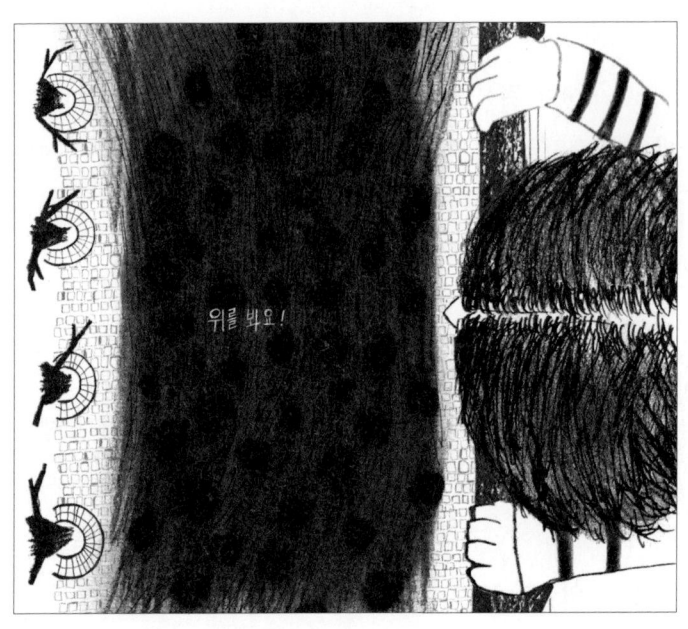

들 머리 꼭대기만 보여." "그럼, 이건 어때?"
아이가 길바닥에 벌렁 드러눕는다. 사람의 머리 꼭대기만 보던 수지에게 사람의 온전한 모습을 보여 주는 것이다. 지나던 이가 묻는다. "왜 길거리에 누워 있니?" "어떤 일이냐 하면요, 위에 저 아이가…." 기적이 일어난다. 길을 가던 사람들이 하나둘 드러누워 마침내는 모든 이들이 수지와 눈을 맞추고 온전한 제 모습을 보여 준다. 산책하던 강아지까지도.

그리고 다 같이 외친다. "위를 봐요!" 수지 또한 고개를 들어 이제까지 제 머리만 보여 주던 독자들에게 제 얼굴을 보여 준다, 활짝 웃는 얼굴이다. 이어지는 마지막 책장을 넘기니, 베란다는 비어 있고, 거리는 알록달록 색깔을 되찾았다. 꽃 핀 나무 아래, 수지와 처음 수지를 마주보아 준 그 아이가 나란히 앉아 웃음을 머금고 위를 보고 있다. 불통의 거리를 하염없이 내려다보던 바로 그 자리를.

상처 입어 스스로를 높은 곳에 가둔 채, 거리를 향해 간절한 소통의 눈길을 보내던 수지에게 웃음을 돌려준 것은 무엇이었나? 유심한 마주보기, 서로 '응시'하는 시선의 힘이 아니었을까? 저곳에 소통을 원하는 누군가가 있음을 알고 공감의 눈길을 던진 이곳의 아이가 저곳에 갇힌 상처를 어루만져, 황량한 무채색의 공간에 생기를 불어넣은 것이 아닐까?
공감의 눈길이 절망에 빠진 사람을 구한다. 마주보는 따뜻한 시선이 황량한 세상에 온기를 돌게 한다. 75미터 시멘트 굴뚝 위에 스스로를 가둔 파인텍 노동자들의 고공농성이 300일을 훌쩍 넘겼다. 25미터 조명탑 위 택시노동자의 농성도 1년을 넘겼다. 혹한과 폭염을 온몸으로 견디며 지상을 향해 간절한 소통의 눈길을 보내고 있는 것이다. 지상의 우리가 할 수 있는 일은, 우선 고개 들어 위를 보는 것이다.

2018.9.13.

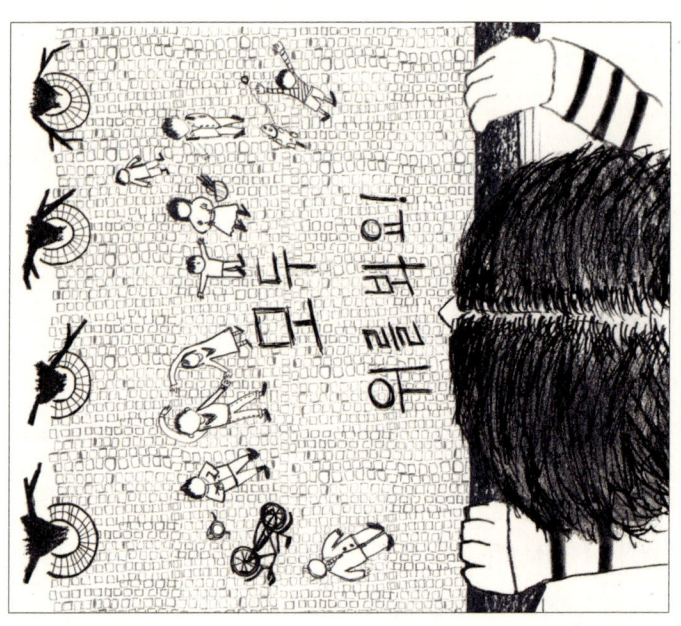

시제가 뒤섞인 사람들에게 필요한 것
고양이 나무

오사다 히로시 글, 오하시 아유미 그림, 황진희 옮김
평화를품은책

그림책은 '보여 주며 말하여' 이야기를 전한다. 작가는 무엇을 어떻게 보여 주고 말할지 고심하여 이미지와 언어 사이에 생각과 마음을 심어 놓는다. 고심의 흔적을 찾아 작가의 의중을 캐내어 보는 것은 그림책을 감상하는 한 가지 방법이다.
그 탐색의 시선은 대개 이미지를 좇는다. 선과 색과 형과 그것들의 위치와 구도와 관계를 살펴 숨은 뜻을 읽는 것이다.

지시하는 것이 명료하나 뜻하는 바는 열려 있는 것이 이미지이니, 유효한 방법이다. 그런데 뜻하는 바가 명료해 보이는 언어 또한 왕왕 숨은 뜻을 품는다. 시인의 언어는 더 그렇다.

이 그림책은 일본의 작고한 시인 오사다 히로시가 쓰고 원로 화가 오하시 아유미가 그렸다. 이야기는 시간 순으로 간결하고, 그것을 보여 주는 그림은 천진하다. 그런데 이야기를 말하는 글의 시제는, 뜻밖에도 과거와 현재가 뒤섞인다.
: 꼬리가 긴 오렌지색 고양이와 꽃을 좋아하는 할머니가 '있었다.' 고양이는 할머니의 '고양이였다.' / 할머니는 늘 고양이와 '함께이다.' 꽃을 손질하며 할머니가 이야기하면 고양이는 가만히 '귀 기울인다.' 깊은 밤, 할머니가 곤히 잠들면 고양이는 멀리 밖으로 '나간다.' 고양이는 밤마실을 즐기다가 아침이 올 즈음이면 언제나 집으로 '돌아온다.' / 그런데 그날, 고양이가 돌아오지 '않았다.' 하루가 가고, 할머니가 밤하늘의 별을 다 셀 때까지도. 다음 날 아침에야 고양이는 차에 치여 죽은 채 작은 여자아이 품에 안겨 집으로 '돌아왔다.' 할머니는 고양이를 뜰에 '묻었다.' 계절이 지나고 봄이 오자 작은 싹이 나오더니, 금세 줄기를 세우고 가지를 뻗어 초록잎 무성한 나무가 '되었다.' 할머니가 꽃 손질을 하다가 올려다보니 오렌지색 열매 하나가 열려 '있었다.' 화분의 꽃들이 한꺼번에 활짝 핀

어느 날 아침, 크게 자란 열매가 톡 '떨어졌다.' "세상에나!" 할머니가 주워 안아들고 보니 귀여운 오렌지색 아기 '고양이였다'….

이 이야기를 이해하기는 어렵지 않다. 시인은 친절하게도 '고양이 나무'의 원관념을 마지막 문장으로 정리해 주었다. "마음의 뜰에서 자라는 나무 한 그루, 할머니의 꿈 나무입니다. 고양이 나무입니다." 그런데 어째서 그는 '글쓰기의 기본'이라는 '시제일치'를 지키지 않은 걸까?

주인공 할머니와 처지가 비슷한 이들을 떠올려 본다. 늘 함께이던 아이를 갑자기 떠나보낸 사람들. 그들은 몇 해가 지나도록 아이의 방을 비우지 않고 아침저녁 방문을 열어 "일어났니?" "잘 자거라." 인사를 건넨다. 아이의 옷가지를, 가방을, 사진 속 얼굴을 어루만지며 오늘 하루 지낸 이야기를 생시인 듯 들려준다. 끼니마다 비워지지도 않을 밥과 국을 떠 식탁의 빈 자리에 놓아둔다. … 아! 그들의 시제는 일치하지 않는다.

그이들을 대하는 세상도 떠올려 본다. "과거는 그만 잊고 오늘을 살아라." 많은 사람들이 이렇게 말한다. 부드럽든 거칠든 '시제일치'를 종용하는 목소리다. … 어? 평생 언어를 매만지며 살아온 시인이야말로 '시제일치'의 논리를 모를 리 없을 텐데….

인간사, 과거로 보내야 할 것과 현재로 지켜야 할 것이 있다. 그런데 보내야 할 것이 집요하게 머물고, 지켜야 할 것이 허망하게 사라지기도 한다. 그럴 때 삶은 시제가 틀어진다. 어떤 삶은 시제일치를 거부하기도 한다. 그런 이들에게 필요한 것이 논리적인 종용일까?

시인은 할머니의 뒤섞인 시제를 이해하며 공감하고 있다. 그러면서 기다려 준다. 죽은 고양이를 가만히 묻고 계절을 보내도록, 뜰에 난 작은 싹이 무럭무럭 자라 멋진 나무가 되도록,

그리하여 예전처럼 뜰에서 꽃 손질을 하다가 그 신비한 나무를 올려다보도록, 초록색 나뭇잎 사이로 열린 오렌지색 열매를 발견하도록. 그리고 마침내 손질하던 꽃들이 한꺼번에 활짝 핀 아침, 크게 자란 열매가 톡 떨어졌을 때 그것을 안아 들고 "세상에나!" 그것에서 귀여운 아기 고양이를 볼 수 있도록. 이제는 고양이를 보고도 슬퍼하지 않으며 자신의 '꿈 나무' - '고양이 나무'를 가꾸어 갈 수 있도록.

2018.6.22.

다가가 길을 일러줌이 인지상정 아닌가
도착

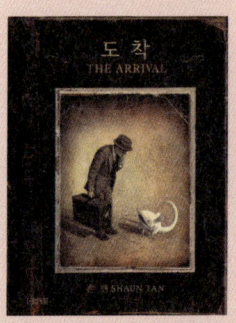

손 탠
사계절출판사

큰 가방을 든 남자가 처음 보는 이상한 동물과 마주쳤다. 표정에 당혹감이 역력하다. 그림책《도착》의 표지다. 남자는 어딘가 낯선 땅에 '도착'한 것. 그렇다면 떠나온 곳도 있으리라. 어디일까, 왜 어떻게 떠나왔을까? 그리고 그가 도착한 이곳은 어디인가? 한 장 한 장 숨을 참아 가며 그린 듯 섬세한 연필그림 852점이 한 마디 말도 없이 긴 사연을 들려준다.

남자가 떠난 곳은, 남루하지만 아내와 딸과 함께 살던 따뜻한 보금자리. 종이학, 멎은 시계, 빈 냄비, 깨진 주전자와 이 빠진 찻잔, 그리고 가족사진이 놓여 있다. 긴 이별인 듯 남자는 옷가지와 가족사진을 큰 가방에 넣고 집을 나서는데, 시간을 알 수 없이 암울한 도시는 거대한 짐승에게 점령당한 듯 거리마다 불길하고 긴 꼬리들이 넘실거린다. 그 거리를 지나 닿은 기차역에서 가족은 눈물로 인사를 나누고, 남자는 도시를 떠난다.

배…, 대양을 건너는 거대한 배에 남자와 처지가 같아 보이는 이들이 가득한데, 불안한 마음처럼 구름이 수십 번 모양을 바꾸는 사이 배는 어느 항구에 닿는다. 생전 처음 보는 이상한 새들이 날아다니는 곳. 입국 심사는 까다롭고 말은 불통이니 남자는 손짓발짓에 가족사진까지 꺼내 들고 처지를 설명하느라 진땀을 뺀다. 배를 함께 타고 온 모두가 그럴 것이다. 마침내 입국사증에 허가도장을 받은 남자는 머물 곳을 찾아간다. 이제 일자리를 구해 생존의 조건을 마련해야 하리라.

과정에서 마주치는 모든 것이 낯설다. 말도 글도 풀과 나무도 날짐승 길짐승도 음식과 제도도…. 낯섦은 왕왕 공포를 낳고, 공포는 대개 굴종으로 이어지거나 때로 폭력을 부르기도 하니, 숙소에서 낯선 동물과 마주친 남자는 몽둥이부터 집어 든다. 알고 보니 저 살던 세상의 강아지 같은 동물인데. 그가 묵게 된 숙소 건물에는 그처럼 굴종과 방어적 폭력 사이 복잡한 심경이 깃든 창문들이 수없이 많다. 이 남자의 이야기는 그들 모두의 이야기인 것이다.

이 낯선 땅에서 두려움을 이겨 낼 수 있도록 이들의 적응을 돕는 자는 누구인가? 남자가 버스표 사는 것을 도와준 이는 아동노동에 시달리던 고향땅을 탈출해 이곳에 정착한 여성이었고, 식료품 구입을 도와준 이는 인종청소를 피해 온 일가족이었으며, 어렵게 취직한 공장에서 짧은 휴식 시간에 친절한 물 한 잔을 건네준 이는, 전쟁에 동원되어 동료들과 한쪽 다리를 잃은 뒤 고국을 떠난 늙은 상이 병사였으니, 이 그림책은 '난민의 난민에 의한 새 세상 적응기'인 셈이다.

그렇게 적응한 남자는 이윽고 슬픈 고향의 가족에게 일자리와 머물 곳을 마련했다는 소식과 약간의 돈을 담은 기쁜 편지를 띄운다. 그러고도 네 번의 계절이 바뀐 뒤에야 아내와 딸이 이곳을 찾아오니, 이들 재회의 순간에는 낯선 새들과 낯선 짐승과 낯선 공기마저 잠시 숨을 멈추고 이들을 축복해 준다.

그리고 얼마간의 시간이 흘렀으리라. 그들의 새 보금자리에, 두고 온 것들과는 다른 이곳의 종이학과 이곳의 시계와 이곳의 음식이 담긴 대접, 이곳의 주전자와 찻잔이 놓여 있다. 그

리고 변함없이 단란한 가족사진. 이제 익숙해진 딸아이는 식료품가게로 심부름을 다녀오는 길에, 두리번거리는 여자를 보고 다가가 길을 안내해 준다. 표지의 남자처럼 여자도 큰 가방을 들고 있고 이상한 동물 또한 그 앞에 있는데, 그 사이에 배려가 있어서인가, 여자의 표정은 당혹스럽지 않다.

난민 몇백 명이 이 땅에 도착했다고 논란이 분분하다. 섬보다도 고립된 분단의 땅에 살아와 낯선 존재들에 대한 공포가 큰 탓일까. 그러나 난민들에게는 오히려 우리와 이 땅이 훨씬 낯설고 두려우리라. 숱한 침략전쟁과 식민지배를 겪어 오면서, 우리 또한 난민 혹은 잠재적 난민으로 오랜 세월을 살아왔다. 재난을 피해 생존을 찾아온 그들이 이곳의 종이학을 접으며 변함없이 가족을 지켜 갈 수 있도록, 다가가 길을 일러줌이 인지상정 아닌가.

2018.7.20.

그 눈길들 보태어지면
시골마을이 다시 떠들썩해질까
메리

안녕달
사계절출판사

설날 아침, 모처럼 삼대가 둘러앉은 밥상머리에서 할아버지가 말한다. "우린 소도 없고 닭도 없고 개도 없고. 우리도 강생이 한 마리 키우자." 아빠가 그 저녁으로 옆 동네 강아지 한 마리 데리고 왔다,
"강생이는 빨간색이 좋은데." "메리야, 인자 여가 느그 집이다,"

강아지를 맞이함에 할아버지는 뜬금이 없고 할머니는 주저함이 없다. 그날 밤늦도록 엄마 찾아 낑낑대던 메리, 시간 흘러 어느덧 다 자란 메리가 되었을 때, 뜬금없던 할아버지는 세상을 떠났다.

홀로 남은 할머니, 그 곁에 아무나 보고 짖지도 않고 꼬리를 흔들흔들 흔드는 순한 메리. 그랬는지도 모르겠다. 할아버지는 노망이 난 가운데도, 단지 소도 닭도 없어서 강생이 한 마리 키우자 한 게 아니었는지도. 그러고 보니 할머니 또한, 그저 다른 이름을 몰라서 강아지를 대뜸 메리라 불렀던 건 아니었겠다. 전에 키우던 개도 메리였고, 전전에 키우던 개도 메리였으니. 그뿐인가, 할머니네 동네 개들은 몽땅 이름이 메리다.

마지막 셋째 강아지를 데리고 간 날 밤,
메리는 밤늦도록 새끼를 찾으며 낑낑댔.

봉숭아 핀 여름날, 그 많은 메리들 가운데 할머니네 메리에게 떠돌이 수캐 하나 다녀가고, 얼마 뒤 메리는 새끼 세 마리를 낳는다. 아직 이름 없는 강아지 세 마리. 그래도 언놈이 언놈인지 다 아는 할머니는 놀러 온 옆 동네 할머니 외로운 눈치에 젤로 살가운 놈 하나 업혀 보내고, 배달 나온 슈퍼집 할아버지 손수레에 젤로 기운 센 놈 하나 실려 보내고, 마지막 남은 한 마리는 마실 온 이웃 할매 손녀딸 품에 안겨 보낸다. 부모가 이혼하는 바람에 시골에 떠맡겨진 그 아이, 상처받은 그 아이가 다리 하나 짧게 태어난 그 녀석에게서 당최 눈을 떼지 못하고 있었으니까.

그 밤, 잎 진 겨울나무에 희미한 눈발 고요히 내려앉는데, 새끼들 떠나보낸 슬픈 메리는 늦도록 눈 맞으며 낑낑거린다. 그래도 여전히 아무나 보고 짖지도 않고 꼬리를 흔들흔들 흔드는 순하디 순한 메리. 다시 할머니와 단둘만 남았다.

또 얼마큼 시간이 흘러 은행잎 노랗게 물든 한가위. 명절에나 한 번씩 찾아오는 자식들 우르르 왔다가 우르르 떠나간 뒤, 할머니 홀로 남아 진지를 잡숫는다. "혼자 사는데, 무슨 음식을 이래 많이 놓고 가나. 다 묵도 못하도록." 그러면서도 갈비찜을 참 맛나게 자시던 할머니, 자꾸 창밖을 힐끔거리다가 끙! 상을 들고 마당으로 나가신다. "니도 추석이니까 많이 무라. 이게 그 비싼 한우갈비다." 평상에 앉아 갈비토막을 건네는 할머니에게 메리는 제일 신나게 꼬리를 흔들흔들. 그렇게 시골마을에 황혼이 진다.

북적대는 설날 아침 밥상에서 시작한 그림책이 할머니와 메리 단둘만 남은 추석날 저녁 밥상에서 끝났다. 흔하디 흔한 농촌 풍경. 젊은이들 죄다 도회로 떠난 휑한 마을을 노인들만 남아 지키고 있는 것이다. 강아지라면 그저 '메리'로 그만인 무던한 노인들, 헤어진 어미아비가 자기들 편차고 떠맡긴 아이를 묵묵히 돌보는 순한 노인들. 거기 그 노인들처럼 무던하고 순한 '메리'라도 있어 쓸쓸함이 덜한데, 정 없는 세월은 흘러만 갈 테니 할머니도 머잖아 세상을 뜨실 게다. 그러면, 메리는 누가 먹이고 시골집은 누가 지킬까?

배경은 더없이 쓸쓸한 현실이지만, 이야기는 경쾌하게 다가와 따뜻하게 안긴다. 젊은 손길 닿지 않아 남루한 시골 풍경이 자잘한 세부까지 그대로건만, 그 풍경을 그려 낸 그림은 꼬질꼬질하면서도 따뜻하고 짠하게 아름답다. 그림이란 보는 대로 그리는 것이니, 작가가 그 풍경을 그리 본 덕분이리라.

그 따뜻한 눈길 보태지고 또 보태지고, 그 짠한 풍경 보여지고 또 보여지면 조금씩 나아지려나? 고향집 다시 떠들썩해지고, 이웃집 손녀딸 얼굴에 그늘 걷혀 더 밝고 명랑하고 씩씩해지려나? 메리가 흔들흔들 꼬리를 흔든다.

2017. 11. 2.

횡사한 주검들에게 베푸는 씻김굿
잘 가, 안녕!

김동수
보림

산 것은 결국 죽는다. 그래서 죽음은 모든 생명의 숙제다. 언젠가는 반드시 치러야 하는 숙제. 산 자들은 그것이 어떤 것인지 궁금하다. 그 뒤에 무슨 일이 일어나는지 알고 싶다. 그러나 아는 이 아무도 없으며, 설명할 이 세상에 존재하지 않는다. 죽음은 살아서 경험할 수 없는 것이므로. 하여 우리는 그것을, 그저 상상할 뿐이다. 타자의 죽음을 통해서만. 상상의 가장 분명하고 구체적인 매개는, 죽은 타자의 몸뚱이 - 시신이다.

인간의 것이든 동물의 것이든, 식물의 것조차도 죽은 몸뚱이는 불길하다. 썩어 갈 것이기에, 추하고 불결하며 두려운 것으로 여겨진다. 불길한 상상을 원치 않으므로, 인간은 시신을 오래 방치하지 않는다. 동족의 것이라면 더욱 그렇다. 짧은 애도의 시간을 보낸 뒤 파묻거나 태우거나 바람에 삭힌다. 물에 띄워 보내거나 새에게 먹여 하늘로 올려 보내기도 한다. 그 모든 조치와 절차들은 존엄한 생명, 인간의 시신에 대한 예의이기도 하다.

조치받지 못한 채 오래도록 방치되는 시신들이 있다. 자동차가 지나다니는 도로 위에서, 무심한 차바퀴에 치이고 밟히고, 부서지고 또 으스러지는 동물의 시신들 - '로드킬'의 흔적이다. 그것은 우리가 가장 피하고 싶은 죽음인 '비명횡사'의 동물 버전들이며, 가장 두려워하는 죽음 뒤의 상태인 '유기된 사체'가 동물로 표현된 형상들이다. 우리는 그 처참한 시신들 앞에서 어떤 상상을 해야 하는가. 거기 무슨 의미를 부여해야 하는가. 어떤 예의를 표해야 하는가.

이 그림책은 그 서글픈 죽음들에게 바치는 진혼곡이요, 슬픈 영혼들을 달래는 씻김굿이다. 굿을 베푸는 이는 홀로 사는 할머니.

어느 밤, 강아지 한 마리가 트럭에 치여 죽는다. 할머니가 발견하고 손수레에 실어 집으로 데려간다. 식구도 없이 홀로 사는 집. 거기엔 그렇게 길에서 죽은 갖가지 동물들이 누워 있다. 할머니는 훼손된 시신들을 정성스레 복원한다. 토막 난 뱀 허리를 꿰매어 잇고 다 빠져 버린 부엉이의 깃털을 제자리에 꽂아 준다. 납작해진 개구리가 다시 통통해지도록 만져 주고 내장이 비어져 나온 강아지의 배를 봉합한다. 옆구리 터진 고라니, 꼬리 잘린 족제비가 그렇게 제 모습을 찾는다. 할머니는 그 아이들에게 이불을 덮어 주고 한 방에 뉘여 하룻밤을 함께 잔다.

그리고 새벽, 할머니는 동물들을 손수레에 싣고 강가 나루터로 간다. 조각배에 그들을 고이 누이고 꽃 장식을 해 준다. 흰 오리들이 조각배를 끌고 강으로 나아간다. 망자들이 건너는 저승의 강일까. 하늘에 발갛게 새벽놀이 물드는데, 한바탕 굿을 베푼 할머니가 손을 흔든다. "잘 가, 안녕!" 곁에는 빈 수레가 놓여 있다. 수레는 다시 시신들로 채워지리라.

로드킬은 속도에 적응 못한 생명들에 가해지는 문명의 폭력이다. 폭력에 희생된 죽음은 처참하다. 허나, 이미 죽은 자에게야 어떤 죽음이든 무슨 의미가 있으랴. 죽음이란 산 자들에게만 의미 있는 법. 처참한 주검은 처참한 상상을 부른다. 처참한 상상은 고스란히 우리의 몫이다. 죽음의 상상이 처참한데 삶이 명랑할 수 있을까? 그렇기에 로드킬은 인간의 문제다. 그것을 막는 것도, 뒤처리를 하는 것도.

그림책에서는 그 뒤처리를 할머니가 하고 있다. 신산난고 다 겪어 내고, 자신을 소진하며 생명을 키우는 할머니들은 모두, 바리데기다. 할머니가 베푸는 씻김굿은 그래서 더 따뜻하고, 그래서 더 쓸쓸하다. 따뜻하고 쓸쓸한 굿판을 덮으며, 무고한 동물들의 명복을 빈다.

2016.10.7.

그 배는 어떻게 떠오를 수 있었나
너였구나

전미화
문학동네

그를 끌어내리자 그 배가 올라왔다. 거짓말처럼. 그 배는 단번에 우리의 시간을 3년 전으로 돌려놓았다. 마땅히 우리를 그때처럼 아프게 하면서, 놓쳐 버릴 뻔했던 진실을 찾는 희망 또한 제자리로 돌려놓았다. 그런데 그 배는 왜 3년 동안이나 바다 속에 잠겨 있어야 했을까? 그럼에도 그 배는 어떻게 끝내 떠오를 수 있었던 걸까? 아무 상관없을 것 같은 그림책 속에서 실마리를 찾아 본다.

어떤 일도 일어날 것 같지 않던 어느 날, 공룡 한 마리가 '나'를 찾아온다. "안녕! 오랜만이야!" 공룡은 웃는 얼굴로 인사하고 태연히 내 방에 짐을 푼다. "방이 그대로네?" 그렇게 시작된 동거. 공룡은 잘 먹고 잘 자고, 코 골고 이 갈고 방귀 뀌며 잠도 잘 잔다. 영화관에서 시답지 않은 장면에 낄낄대거나 눈물을 쏟아 나를 창피하게 하고, 탁구를 칠 땐 처음 친다면서 나를 열패감에 빠뜨리며, 목욕탕에서는 엄청난 때로 내 팔을 아프게 한다. 당혹에 겨운 나는 급기야 묻는다. "너… 누구야?" "나… 정말 몰라?"

토라진 공룡은 밥도 먹지 않고 하염없이 앉아 있기만 한다. 나는 무슨 잘못을 한 걸까. 기분을 풀어 주러 간 놀이공원에서 공룡이 말한다. "잊혀지는 게 힘들까, 잊는 게 힘들까?" 나는 대답이 없고 공룡은 말을 잇는다. "있잖아, 우리 마을 공룡들은 언제나 여행을 떠날 수 있게 준비해 둬. 여행을 갈 수 있는 건 행운 중에서도 최고의 행운이야. 가끔은 여행 얘기를 듣는 것만으로도 숨이 차고 가슴이 떨려. 그리운 것들이 생각나거든." 그리고, "여행의 시작은 기억이야."

그제야, 흩어지고 멈추는 순간들 속에서 나는 떠올린다. 짧은 시간을 함께 보냈고 나만 어른이 되었던, 친구! 귀퉁이가 해어진 기억 속의 벤치에 열다섯 시절의 공룡과 내가 나란히 앉아 있다. "아, 너였구나." 친구가 웃는다. "기억해 줘서 고마워, 덕분에 오랜만에 여행할 수 있었어." 웃음을 남기고 친구는 떠났다. 나는 생각한다. '친구의 꿈은 무엇이었을까? 나는 무엇을 기억하고 무엇을 잊으며 살아가고 있는 걸까?'

책을 덮고 나도 생각한다. 기억과 망각 사이에 무엇이 있는 걸까? 무엇이 옛 인연을 공룡처럼 낯설게 하고, 그럼에도 그 사람을 다시 떠올리게 하는 걸까? 우리는 왜 저 아득한 행성으로 떠나보낸 이들을 이따금 저마다의 방으로 불쑥 불러들이는 걸까? 그가 잊힌들 존재하지 않는 그는 아플 수 없고, 그를 기억한들 가 버린 그는 다시 돌아올 리 없는데.

죽어 떠난 이 돌아올 리도 아플 수도 없으므로, 이 그림책의 이야기는 살아남은 자가 죽어 떠난 이와의 관계 속에서 자신의 예의와 도리를 점검하는 시뮬레이션에 다름 아니다. 예의와 도리는 종종 밥보다도 더 굳건하게 인간의 삶을 지탱하는 힘이 되기도 한다. 인간은 유한한 생명이면서 동시에 영원한 이름이니까. 인간다운 인간은 안온한 밥으로 영원한 이름이 부끄러워지는 것을 견딜 수 없으니까.

그랬다. 그를 끌어내리고 아득한 바다 속의 그 배를 끝끝내

물 밖으로 불러낸 것은, 멀쩡히 눈 뜬 채 차디찬 물속으로 떠나보낸, 그 배의 아이들을 잊는 것이 수치스러워 견딜 수 없는, 수많은 이름들의 예의와 도리였다. 떠나간 친구를 잊는 것이 미안했던 책 속의 한 이름이, 아득한 행성의 공룡을 제방으로 부른 것처럼. … 세상 모든 것은 연결되어 있다.

2017.03.30.

이 '오토바이 가족'은 행복할까, 불행할까
달려라 오토바이

전미화
문학동네

한 가족이 있다. 엄마, 아빠, 터울이 제법 지는 두 딸과 아직 업혀 다니는 아들 하나. 다섯 식구 사는 이야기를 초등학생쯤 돼 보이는 맏딸이 들려준다. 이들은 늘 어디든 함께 다닌다. 아빠가 모는 오토바이를 타고.

엄마 아빠의 일터는 고정적이지 않다. 집수리, 페인트칠, 때로

손이 달리는 친구네 양계장 일도 하러 다닌다. 그런 일터들이 쾌적할 리 없건만 아이들은 지겨워하지 않는다. 엄마 아빠가 일하는 동안 어수선한 공사장에서 숨바꼭질도 하고, 닭똥냄새 풀풀 나는 양계장에서 갓 낳은 달걀 맛을 보기도 한다.

무더운 여름엔 일도 없을 터, 오토바이를 타고 바다로 간다. 백사장에 세워 둔 오토바이에 파라솔을 기대어 펼쳐 놓고 물놀이를 즐긴다. 아빠가 끌어 주는 튜브를 타고 노는 어린 마음은, 언제나 여름이기를 바란다. 시원한 바닷가에 누워 있으면 바람이 솔솔 불기 때문이라지만, 그 때문이기만 할까? 일하는 부모의 등 대신에 얼굴 마주보며 웃을 수 있기 때문일 테지.

허나 현실은 냉정하다. 어느 날 아빠는 늘 식구들을 태우고 다니던 오토바이를 정성스레 닦아 포장을 씌워 두고 먼 건설현장으로 일하러 간다. 아이들이 커 가니 목돈이 필요했거나, 가까이엔 더 이상 일자리가 없었을 수도 있겠다. 홀로 남은 엄마가 옷과 인형 만드는 삯일을 하며 아이들을 돌본다. 아빠는 언제 올까? 막내 생일에 놀이동산으로 놀러 가기로 했는데.

돈벌이가 중해도 아빠는 아이들과 한 약속을 지킨다. 이윽고 아빠가 돌아온 날, 그때까지 무채색으로 일관하던 그림은 비로소 환한 색깔을 띤다. 아빠가 사 들고 온 풍선은 알록달록하고, 오토바이에 씌워 둔 포장 또한 벗기는 순간 노란빛으로 반짝인다. 오토바이는 다시 다섯 식구를 태우고 부릉부릉 달린다. 엄마가 손에 꼭 쥔 오색 풍선이 두둥실 뒤를 따른다.

그런데 얼핏 희망차 보이는 마지막 장면을 덮는 마음이 사뭇 복잡하다. 오토바이를 타고 아니 가는 곳 없는 이 가족의 현재는 행복할까 불행할까? 오색 풍선을 손에서 놓지 않는 이들의 미래는 희망일까 절망일까? 변화가 거의 없는 엄마 아빠의 표정만큼 아리송하다.

다만 분명한 것은, 세상엔 이들처럼 비정규 노동으로 생계를 꾸려 가는 이들이 수없이 많고 헤어짐과 만남을 되풀이하는 가족 또한 그만큼 많다는 것. 그 부모들이 아이들을 어딘가에 맡기든 그러지 않든, 이 사회는 그다지 편안한 조건과 환경을 마련해 주지 않고 있다는 것.

이 꿋꿋한 가족의 오토바이 여행이, 주제넘게도 왠지 위태롭고 안쓰러워 보이는 것은 그런 까닭일 게다. 그러니 책 속에서만큼은 '오토바이 가족'이 정원을 초과했다거나 헬멧을 쓰지 않았다는 이유로 딱지 떼이는 일이 없기를….

2016.7.8.

잃어버린 본성을 되찾으려면
서로를 보다

윤여림 글, 이유정 그림
낮은산

'사람 : 생각을 하고 언어를 사용하며, 도구를 만들어 쓰고 사회를 이루어 사는 동물'《표준국어대사전》. 그 동물이 동물원을 짓고 우리 안에 다른 동물을 가둔다. 이 그림책은 가둔 동물과 갇힌 동물이 울타리 너머로 나누는 대화다.

바람처럼 들판을 달리는 치타와의 대화, "네가 젖먹이동물 가운데 가장 빠르다며? 한 시간에 백 킬로미터 속도로 달릴 수 있다니, 멋지다." "글쎄, 난 잘 모르겠어. 그렇게 빨리 달려 보지 못했거든." 구름처럼 하늘을 나는 홍학과의 대화, "너는 먹이를 찾아 한 번에 몇 킬로미터씩 날아가는구나." "여기서는 먹이를 찾아다닐 필요가 없어. 그래도 가끔 날고 싶긴 해. 아무리 날갯짓을 해도 날 수 없지만."

긴팔원숭이, 돌고래, 북극곰, 올빼미, 산양, … 콘도르와의 대화가 이어진다. 저마다의 본성은 숲을 누비고, 바다를 헤엄치고, 얼음 들판 위를 떠돌고, 어둠 사이로 사냥을 하고, 바위산을 뛰어다니고, … 해처럼 높이 떠오르는 동물들이다. 그러나 우리 안에서는 그럴 수 없고, 그럴 필요도 없다. 그럴 의욕도 없으며, 심지어 스스로가 그런 동물이라는 사실조차 잊었다.

어색한 대화의 끝에, 이번엔 갇힌 동물들이 가둔 동물에게 말한다. "너희 사람은 아주 똑똑하다고 들었어. 자연을 이해하는 능력이랑 자연을 파괴하는 능력 모두 뛰어나다고." 누구보다 자유로운 동물, 사람은 대답이 없다. 동물과 사람이 서로를 본다. 우리 안에서, 우리 밖에서. 침묵이 흐른다. 우리에 갇힌 동물들은 저다운 본성을 잃었다. 왜 그래야 할까, 그건 옳은 걸까? 질문을 던지고 그림책은 끝났다.

그러나 정말 끝난 것일까? 또 다른 질문이 고개를 든다. 그렇다면 가둔 동물, 사람은 정말 자유로울까? 본성대로 살고 있는 걸까? 아이들은 아이답게 놀고 있는가? 청소년은 자유로이 꿈꾸고 있는가? 청년들은 그 꿈을 펼칠 수 있는가? 어미아비들은 즐겁게 일하고 제 가족과 평온한 저녁을 보낼 수 있는가? 부당하게 일자리를 잃은 이들은 온당히 그것을 되찾을 수 있는가? 도무지 납득할 수 없는 일로 4월의 바다 속에 가족을 묻은 이들은, 진실과 시비를 밝혀 분노와 원한을 풀 당연한 권리를 누리고 있는가?…

질문의 답을 찾다가 다시 질문을 만난다. 사람들 사이에도 우리가 있는 건 아닐까? 누군가 그 보이지 않는 우리에 다른 이들을 가두어 본성대로 살 자유와 권리를 빼앗은 건 아닐까? 우리를 걷어치우는 일은 사람과 다른 동물 사이의 과제만이 아니다. 그러므로 우리 또한 서로를 보아야 한다. 사람과 사람이 똑바로, 진지하게 서로를 바라보기. 그것이 사람 사이의 우리를 허물고 우리가 잃어버린 본성을 되찾는 시작이다. 우리 안에서, 우리 밖에서. 그리고 침묵을 깨야 한다. 그러지 않으려는 자, 누구인가?

2016.4.15.

취준생 선아가 안전모를 쓴 까닭
선아

문인혜
이야기꽃

실업, N포 세대, 열정페이, 학자금 상환, 88만원, 알바, 최저임금…. 이 시대 청년들의 삶을 형용하는 말들이다. 여성과 성소수자들에게는 불안감, 차별, 혐오 같은 말들이 보태진다. 여기 그 말들이 형용하는 청년, 스물아홉 취업준비생 선아가 있다. 이 그림책은 선아가 살아가는 일상의 한 토막을 옮겨 보여 준다.

작은 창으로 아침에만 잠깐 볕이 드는 반지하 원룸에서 선아가 잠을 깬다. 그 시각이면 어김없이 시동을 거는 윗집 차가 시간을 알려 준다. 아침 8시, 아직 직장을 구하지 못한 선아는 그제야 깨어난 걸까, 깨었음에도 일어나지 않고 있는 걸까? 햇빛을 충분히 보지 못한 탓인지, 돌봐줄 여유가 없는 주인 탓인지 이파리 하나 없이 시들어 버린 작은 화분 옆 탁상 달력에는 월세 낼 날짜며 알바한 날짜들이 적혀 있다. 오늘은 어느 학원 면접 날.

선아는 정성껏 화장을 하고 집을 나선다. 인성, 능력, 학력 말고도 세상은 많은 것을 요구하니까. "졸업한 지가 꽤 됐네요." "그 동안 뭘 했지요?" "결혼은…?" 세상은 많은 것을 묻는데, 선아는 대답하기보다 되묻고 싶다. '그런데 정답이 있는 걸까?'

학원에서 시간을 보내는 미성숙한 사내아이들이 선아가 단지 여자라는 이유로 창문 뒤에 숨어 장난삼아 종이컵이며 우유팩, 깡통 따위를 던지고, 무슨 일론지 불만이 많은 청년은 버스 기사의 사소한 말에도 난폭해지는데, 버스에 오르다 청년의 거친 몸짓에 밀려 넘어진 선아는 안경이 깨져도 항의 한 번 하지 못한다. 횡단보도를 건널 때조차 흰 선만을 골라 딛는 강박을 지닐 만큼, 세상이 그어 놓은 선을 넘어 본 적 없는 선아. 하지만 알바를 하는 일터에서 날마다 낭떠러지를 밟는 기분을 느낀다.

그렇게 하루를 보낸 저녁 귀갓길, 아무 잘못도 없는데 왠지 등 뒤가 불안한 선아는 어느 공사장 가림막 뒤로 몸을 숨기고, 그곳에 뒹구는 노란 안전모를 물끄러미 바라보다가 머리에 쓰고 집으로 돌아온다. 왜 그랬을까? '살아남고 싶어…. 살아남고 싶어….' 선아는 안전하게 살고 싶다. 최소한의 희망을 보장받으며.

다시 아침, 윗집 차는 어김없이 8시에 시동을 걸고, 선아는 오늘도 집을 나선다. 간밤의 노란 안전모를 쓰고서. 길을 건너고, 거리를 메운 인파 속을 걸어가며 선아는 꿈을 꾼다. 자기와 같은 청년들이, 아니 세상 모든 사람들이 행복하게 살 최소한의 권리를 보장받는 세상을.

마지막 뒷면지의 그림은 선아의 소망에 대한 화답일까, 아니면 그조차 단지 꿈일 뿐인가. 저마다의 작은 화분에 다시 새싹이 돋아나고 있는데…. 안전모를 쓰지 않아도 불안하지 않은 사람들이 대답해야 할 때다.

2018.2.4.

누구나 접어 둔 꿈 하나씩은 있을 터
앙코르

유리
이야기꽃

낡은 바이올린 가방 하나, 누군가 이사를 떠나며 내다버린 가구 더미 한켠에 놓여 있다. 지나던 이 문득 멈추어 열어 보고는 자전거 짐받이에 싣고 간다. 그가 닿은 곳은 악기 공방. 그는 현악기 제작자다.
작업대의 조명을 켜고, 망가진 바이올린을 꺼내어 한참 바라보던 그가, 이윽고 연장을 들어 수리를 시작한다. 칠이 벗겨진 몸체, 먼지 쌓인 울림통, 갈라진 앞판과 떨어진 지판, 헐거워진 줄감개…. 차근차근 떼어 내고 털어 내고, 하나하나 깎고 다듬고 붙이고 칠하는 손길이, 누군가 소중한 사람을 염두에 둔 듯 세심하고 다정하고 신중하면서도 때로 경쾌해 보인다. 그리고 시간…. 상처가 아물도록 기다린 시간과, 악기도 사람도 숨을 고른 시간들이 더해져, 다시는 쓸 수 없을 것 같았던 바이올린이 차츰 제 모습을 되찾아 간다.

마침내 현을 걸고 브리지를 세우고, 꼼꼼히 닦아 반짝반짝 광택이 나도록 되살아난 바이올린…, 그 빛나는 바이올린은, 거기에 쏟은 세심과 다정과 정성은 대체 누구를 위한 것이었을까?

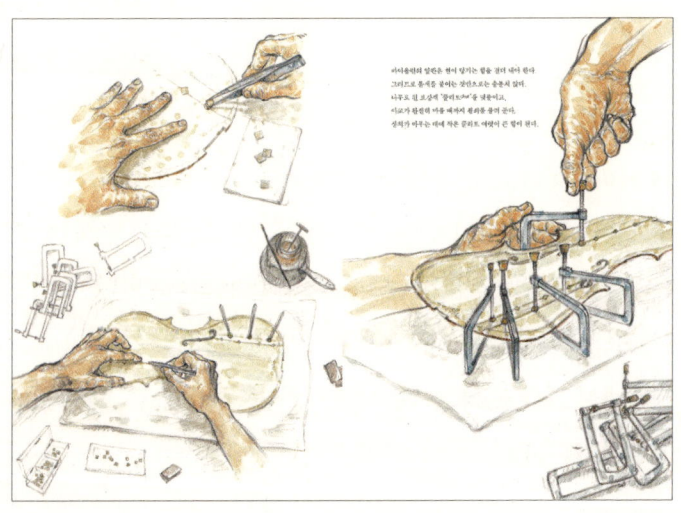

새 가방에 악기를 담아 어깨에 메고 공방을 나선 제작자가 이른 곳은 어느 채소가게, 바이올린은 그곳에서 열심히 일하고 있는 한 여인에게 건네진다. 반짝이는 그 작은 악기를 한참 바라보던 그 사람, 이윽고 바이올린을 꺼내어, 조율을 하고, 활을 들어, 현을 타기 시작한다. 점점 더 크게, 다시 한 번 더…

어느새 그는 무대 위에 서 있다. 크고 대단한 무대는 아니지만, 마음을 담아 연주할 수 있는 무대, 그 연주를 들어줄 관객이 있는 무대…. 잊고 살던 그의 열정이 무대를 가득 채우고, 이어 관객들의 환성이 울려 퍼진다. "앙코르!"

그 소리가 공방의 그 사람에게도 가 닿은 걸까? 잠시 일손을 멈추고 고개를 돌려 창 쪽을 바라본다. 마음속으로 이런 말을 하고 있지 싶다. '그래. 작은 무대면 어때, 전문 연주자가 아니면 어때. 연주할 수 있어서 행복하다면, 넌 이미 꿈을 이룬 거야. 그러니까 포기하지 마. 너의 현실만큼이나 너의 꿈은 소중하니까.'

늦은 밤 창밖엔 눈 나리기 시작하는데, 아직 불 켜진 작업대, 연장들이 가지런한 벽면에 작은 액자 두 개가 걸려 있다. 제작자와 연주자, 아마도 친구인 듯 보이는 두 사람의 지난날과 오늘날. 사진 속의 두 사람이 활짝 웃고 있다. 그때처럼, 오늘도.

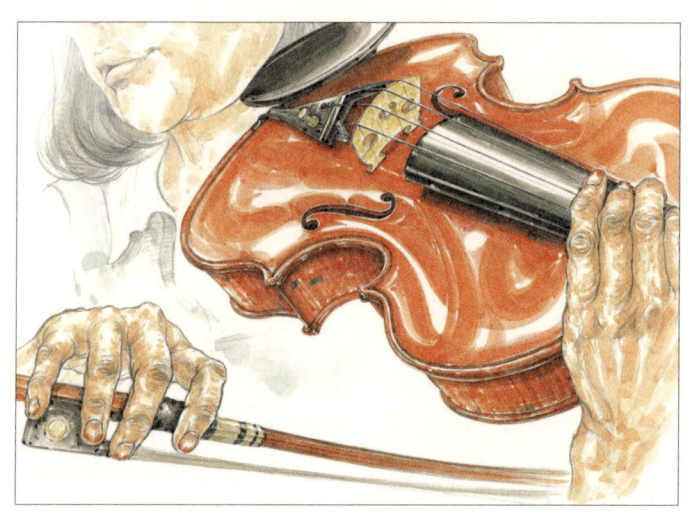

집요한 관찰과 치열한 데생으로 생명과 자연의 이야기를 성실하게 그려온 유리 작가가, 악기와 악기를 고치는 손과 거기 담긴 꿈과, 그 꿈을 응원하는 아름다운 마음을 담백하고도 따뜻하게 그렸다. 꼬박 3년 동안 실제 바이올린 제작자를 인터뷰하고 제작과정을 취재하여 만들었다고 하는 이 그림책은, 작가의 전작들처럼 어떤 일의 시종을 치밀하게 재현하는 동시에 거기에 담긴 의미와 마음과, 마음의 온도까지 생생히 되살려 내고 있다.

하루하루의 일상을 열심히 살아가는 사람들, 그 누구든 저마다 접어 둔 꿈 하나씩은 있을 것이다. 그것이 무엇이었든, 달

뜬 마음으로 열정을 쏟던 그 시절의 시도는 하나같이 아름다웠을 것이다. 그러니까 포기하지 말라고, 다시 시도해 보라고, 일상과 꿈은 함께 갈 수 있다고, 작가는 이 아름다운 '부활의 기록'을 보여 줌으로써 힘주어 말하고 있는 듯하다.

'앙코르 encore'는 본디 멋진 연주를 성공적으로 마친 연주자에게 재연을 청하는 말이다. 그런데, 꼭 성공한 연주만 멋진 연주일까? 실패했더라도 뜨겁게 시도했다면 '앙코르!' 환호를 받을 수 있는 멋진 연주가 아닐까. 이 그림책의 제목이 '앙코르'인 것은 그렇기 때문이리라. 못다 이룬 꿈을 간직한 모든 이들은 이 환호를 받으시라. 앙.코.르!

2021.7.19.

2. 사람답게

진실을 알려거든 저편에 서 보라.

인간의 자격
거울 속으로

이수지
비룡소

철학과 생물학이 겹치는 어디쯤에 '비인간인격체(非人間人格体)'라는 개념이 있다. '사람이 아니지만 사람 자격을 갖춘 생명체'라는 뜻인데, 인격이란 무엇이며 어떻게 가늠할까?
동물의 '인격'을 검증하는 실험이 '거울 실험'이다. 동물이 거울에 비친 제 모습을 자신으로 인식하는지, 나아가 자신을 타자의 눈으로 바라볼 수 있는지 알아 보는 것이다. 현재까지

3종류의 동물만 이 실험을 통과했는데, 돌고래, 코끼리, 침팬지와 오랑우탄 등의 대형 유인원 류다. 최근에 유럽까치가 합류했다 한다. 이들은 내가 나인 줄 알고, 스스로를 대상화하는 능력 - '자의식'을 갖춘 것이다. 그래서 동물권의 보호단체들은 이들만이라도 우리에 가두지 말 것을 호소한다. 갇힌 자신을 자신이 볼 때, 얼마나 비참할 것인가. 인간은 생후 18개월 무렵이면 자의식이 형성된다고 한다. 이수지의 《거울 속으로》에서 자의식을 갖춰 가는 한 아이를 만나 보자.

웅크리고 있던 아이가 문득 고개를 들어 거울 속의 자신을 본다. 처음에는 거울 앞의 동물들처럼 그가 남인 줄 알고 흠칫 놀라지만, 이내 자신임을 깨닫고 거울놀이를 즐긴다. 내가 웃으면 거울 속의 나도 똑같이 웃고, 내가 춤추면 거울 속의 나도 똑같이 춤춘다. 나를 보는 나와 내가 보는 나 사이에 괴리가 없는 것이다.
그 행복한 상태가 지속된다면 얼마나 좋을까. 그러나 인격은 거기서 머물지 않는다. 어느 순간, 내가 보는 나는 나를 보는 나와 같지 않게 된다. 인간의 욕망은 멈추지 않으므로, '현존하는 나'와 '욕망하는 나'는 일치할 수 없다. 나는 그 괴리를 깨닫는다. 그래서 더 이상 만족스럽지 않다. 이제 어찌할 것인가. 책 속의 미숙한 아이는 거울을 밀어 버림으로써 괴리를

해소하려 한다. 거울은 깨지고 내가 보는 나는 사라진다. 아이는 다시 혼자다. 성숙한 인격이라면 어찌했을까?

다양한 인격들이 다양한 방식으로 괴리를 해소하려 애쓰며 살아간다. 개중에는 아큐처럼 욕망을 속이는 이도 있고 돈키호테처럼 현존을 부정하는 이도 있다. 누구는 비굴하고 누구는 위태롭다. 굴절된 자의식이 자신을 파괴하는 경우다. 하지만 이들은 적어도 타자에게 위험하진 않다. 〈백설공주〉의 왕

비처럼 자신이 욕망하는 바를 갖춘 타자를 없앰으로써 현존과 욕망을 일치시키려는 경우도 있다. 이는 위험하다. 그런데 위험한 것 중에서도 가장 위험한 것은 아예 괴리를 느끼지 못하는 경우다. 이들은 아무런 반성 없이 무오류와 독선의 철탑에 갇혀 살아간다. 역사 속의 독재자들이 그것을 증명한다. 그림책 속의 웅크린 아이는 다시 고개를 들어 자신을 바라볼 것이다. 내가 없는 나의 공허를 알았기에 다시 거울을 깨뜨릴 일은 없으리라. 그러나 철탑 속의 인격 없는 영혼들은 어찌해야 좋을까.

2016.1.29.

거울 속으로

화가가 빈 공장에 들어간 까닭
빈 공장의 기타 소리

전진경
창비

사뭇 시적인 제목이 박힌 표지 위에서 '투쟁조끼'를 입은 노동자들이 거대한 전자기타를 만들고 있다. 브리지를 손질하는 이, 음향버튼을 다는 이, 몸체를 매끈하게 다듬는 이, 기타 줄을 나르는 이, 어깨끈 고리를 세심하게 조립하는 이, 기타 머리를 맞들어 옮기는 이들…. 이 부감그림이 그려지는 동안, 이들의 얼마쯤 위에는 화가의 집중한 얼굴이 머물고 있었으리라. 그림 속 한 노동자가 고개를 들어 그와 눈을 맞추고 있다. 화가의 이름은 전진경이다.

빈 공장은 어디인가. 잘 나가는 회사를 위장폐업하면서 노동자 전원을 해고하고 나라 밖에 새 공장을 차린 콜트콜텍 기타의 폐쇄된 부평 공장. 해고노동자 7명의 항의농성이 5년 넘게 이어지던 2012년 4월의 초입, 화가 전진경이 화구가 든 가방을 메고 이 공장을 찾아왔다. 그가 이곳에 작업실을 차리고 노동자들과 함께 지낸 열 달의 이야기가 이 그림책을 채운다. 뭔 그림책이 그런 이야기를? 그런 이야기가 현실이니까, 예술은 현실을 담아내니까.

폐가, 폐교, 폐공장…, '폐'자 들어가는 건물에 들어가 본 사람은 안다. 그곳이 얼마나 쓸쓸하고 거칠고 위험해 보이는지. 노동자들이야 일터를 되찾고자 그곳에 남았지만, 화가는 어찌하여 그곳을 찾아 들어갔을까? 책 속에서 화가가 대답한다. '빈 공장이 있다는 소문을 듣고 찾아왔다. 내 몸을 통째로 삼킬 것같이 크고 어두운 그곳에 용기를 내어 들어가는 순간, 뚜렷한 기분이 들었다. 여기서 예술을 하면 멋진 게 나올 거야, 분명!' 그래서 그는 어떤 예술을 했나. 물론 그림을 그렸다. 낙타도 그리고 기타도 그리고 노동자들도 그렸다. 그리고 그보다 멋진 예술, 더불어 살았다. 안간힘 쓰는 노동자들과.

더불어 산다는 건 그런 것이다. 가릴 것은 가리고 보여 줄 것은 보여 주며 서로 알아 가는 것, 있는 것은 주고 없는 것은 받으며 서로 정들어 가는 것, 그리하여 같이 있는 것이 좋아지는 것. 이들도 그랬다. 다이어트를 핑계로 겸상을 사양하던 화가는 보름째 되는 날 노동자들이 부쳐 준 부침개를 받아먹는다. 첫 대면에 "우리도 안전하지 않은데 다치면 책임질 수 없다"던 노동자들은 전등을 달아 주고 밥을 권하더니, 자신들이 만든 밴드의 서툰 공연 영상을 자랑하고 딸내미가 보내온 문자메시지까지 보여 준다. 그리고 그들이 왜 몇 년째 이 황량한 공장을 지키며 싸우고 있는지를 조근조근 들려준다.

"이 공장에서 24년 동안 기타를 만들었어. 사람은 누구에게나 명예가 있어. 노동자에게도 명예가 있어. 사장은 그걸 몰라. 함부로 해고하고, 함부로 대해도 된다고 생각해. … 나는 쉬지 않고 증거를 찾고 있어. 공장 문을 닫고 우리를 해고한 게 불법이라는 증거 말이야. 잘못을 알리고 당당하게 일자리를 되찾을 거야. 가만히 있으면 아무도 우리를 도와주지 않아." 그렇게 마음속에 태풍을 품고서도 저마다 맡은 일을 묵묵히 해 내는 노동자들과 같이 있는 게, 화가는 좋았다. '여기에 오길 잘했어.'

하지만 오래가지 못했다. 입주 300여 일이 되던 2013년 2월의 첫날, 용역깡패들이 몰려왔다. '우리'는 끌려 나오고 공장은 부서졌다. 노동자의 갈비뼈가 부러지고 화가의 낙타 그림이 사라졌다. '우리'를 도와줄 줄 알았던 경찰들은 구경만 했다. 용역과 경찰과 높은 펜스로 이루어진 거대한 벽 앞에서 화가는 떠올렸다. 노동자들이 들려준 해고되던 날의 심정. "어쩔 줄 몰라서 한동안 문 앞에 계속 서 있었어. 너무 화가

났는데 또 두려웠지."

그래서 이야기는 끝났는가? 싸움이 끝나지 않는 한 이야기는 계속된다. 명예가 회복되지 않는 한 싸움은 끝나지 않는다. 일자리를 되찾지 않는 한 명예는 회복되지 않는다. 그래서 이들은 가만있지 않는다. 노동자들은 길거리에 천막을 치고 오늘까지도 농성을 이어 오고 있다. 화가는 주마다 천막을 찾아가 그림을 그린다. 헤어질 때 그들은 손을 흔들어 인사를 나눈다. 굳은살 박인 손과 물감 얼룩진 손.

자본의 탐욕이 비워 버린 공장을 더불어 채우던 그 손들은, 지금도 더불어 끝나지 않은 이야기를 세상에 전하고 있다. 화가는 이 그림책으로, 노동자들은 그들의 음악으로. 숙련의 정도는 다르나 둘은 똑같이 당당하고 치열하고, 진정한 '예술'이다. 궁금하다면 이 그림책을 찾아 읽어 보시라. 노동자 밴드 '콜밴'의 음악을 찾아 들어 보시라.

2018.1.11.

냅두면 이처럼 잘 살아가는 사람들
할머니, 어디 가요? 앵두 따러 간다!

조혜란
보리

할머니 한 분 누워 계시다. "해골바가지 같은" 재동이네 증조할머니. 아직 건장한 이웃 옥이 할머니에게 앙상한 아랫도리를 맡긴 채 허공을 바라보고 있다. 기저귀를 가는 중. 백발이 떡 진 머리맡에 잎과 열매 달린 앵두나무 한 가지, 앵두랑 오디를 담은 사기대접, 곁에서 비쩍 마른 할머니 엉덩이를 들여다보는 옥이와, 할머니가 벗어 놓은 꽃무늬 바지가 차례로 보인다. 재동이 증조할머니의 시선이 머무는 곳엔 앵두며 오디를 입에 문 새들이 날고 있다. 맥락 없이 보면 사뭇 기이해 보일 법한 이 풍경은 '옥이네 계절 이야기' 시리즈의 여름 편, 《할머니, 어디 가요? 앵두 따러 간다!》속 한 장면이다.

좀 전에 옥이와 할머니는 산딸기를 따 가지고 오다가 마늘 캐는 재동이네를 보자 당연한 듯 그 일을 거들고, 그 집 뒤꼍에 한가득 열린 앵두며 오디 '채취권'을 선물로 받았다. 열매를 따던 두 사람은 젊은 시절 그 나무들을 심었다는 재동이네 증조할머니가 생각났다. 오디 한 움큼, 앵두 한 움큼 대접에 담아 노환 중인 할머니 방에 성큼 들어섰다. "오줌 냄새, 방귀 냄새 풀풀 나는" 방. 증조할머니 앵두를 받아 드시다 "헉!" 하고 숨을 멈췄다. 옥이 할머니가 재빨리 등을 내리치자 "캑!" 하고 노란 앵두 씨 하나 튀어나왔다. 증조할머니 다시 숨을 쉬고, 옥이와 할머니도 다시 숨을 쉬었다. 그 결에 재동이네 증조할머니 오줌을 지리신 거고, 그랬으니 옥이 할머니가 기저귀를 갈아 드리는 거다. 제 부모도 아닌 이웃 노인의 냄새 나는 기저귀를 갈아 주는 옥이 할머니나, 제 자식도 아닌 이웃 아낙에게 아랫도리를 내맡기는 재동이 증조할머니나 아무 스스럼이 없다.

이 그림책을 펼쳐 이 장면에 이를 때마다 나는 생각한다. 이 곳이 유토피아 아닌가. 남의 바쁜 일손 돕는 것이 당연하고, 고마운 마음 주고받는 것이 선선하고, 늙고 병든 이가 풍기는 냄새와 그 냄새나는 공간 속에 들어서는 일이 아무렇지 않고, 그의 불편을 덜어 줌이 지극히 자연스러운, 내가 그렇게 살아왔으므로 내 불편 덜어 주는 이에게 태연히 나를 맡기는 그런 사람들, 그런 마을, 그런 세상. 그러니 창밖은 푸른 하늘 뭉게구름 탐스러우며, 늙고 병든 할머니는 그 하늘을 나는 새들 방 안으로 불러들여 지저귀게 할 수 있는 것이다.

이 그림책 속의 마을, 거기 사는 사람들은 대개 이처럼 수더분하다. 스스럼없이 시원시원하게 정과 수고를 나누며 산다. 무엇이 그럴 수 있게 할까. 책 속을 뒤져 본다. 산, 들, 뻘, 바다, 거기서 나는 것들로 성실히 먹고살고 자식 학교 보내는 것을 넘어서지 않는, 그저 냅두면 알아서 잘 사는 소박한 욕망들, 그래서 지켜지는 인간에 대한 예의.

책장을 덮으며 아픈 마을들을 떠올린다. 대추, 강정, 밀양, 사드가 들어설 그 어느 곳…. 그뿐일까, 돈과 힘이 가만두지 않아 망가진 마을들이.

2016.3.18.

"비가 와도 장사는 하지, 그럼!"
이야기를 그려 드립니다

김은미
온다프레스

"새벽에 집을 나와 짐을 싣고 장터에 도착하면 제일 먼저 해야 할 일이 천막을 치는 거야." 한 사내가 파라솔을 세우는 장면으로 이 그림책은 시작한다. 이어 둥글고 네모진 천막들이 어깨를 붙여 하늘을 채우고, 그 아래 삼삼오오 모여든 사람들의 이야기가 펼쳐진다. 지은이의 물음에 사람들이 대답한 말들, 이 책은 인터뷰 그림책이다. 2017년 봄부터 가을까지 지은이가 성남 모란시장으로 출퇴근하며 파는 이와 사는 이들의 모습과 말들을 옮겨 놓은 '시장과 그 너머의 삶에 관한 인터뷰'.

부제가 말하듯 그림책은 시장 사람들의 '지금 여기'의 생활과 '그때 거기'의 추억, 그리고 '나중 어디쯤'의 소망들을 차근차근 풀어낸다. 백화점 납품을 하다가 외환위기로 직접 장사를 시작했다는 이불 장수 아주머니는 "몸은 좀 힘들어도 큰돈 굴리던 그때보다 마음은 훨씬 편하다"면서도 펼쳐 든 이불로 한사코 얼굴을 가리고, 언니와 둘이서 30년째 화초를 팔고 있다는 여인은 "언니 없으면 난 암것도 못해. 언니랑 있으면 나는 아직도 어린애"라며 과수원집 자매로 태어나 언니와 함께 나무 아래 뒹굴던 어린 시절을 아련히 돌아본다. 그런가 하면 평생 같이 일하던 아내가 무릎이 망가져 수술을 받았다는 할아버지는 '맘 편히 여행 한번 못 갔는데, 아내가 퇴원하면 제주도 구경이라도 같이 다녀오련다'는 소망을 수줍게 털어놓는데, 지은이가 그려 놓은 그이들의 생활과 추억과 소망은 그이들의 마음만큼이나 소박하고 곱고 애틋하다.

그뿐일까, 즐비한 천막 아래 복작대는 사람들의 지금과 그때와 나중의 이야기들이. '그 자리에서 반죽해 밀고 썰어 끓여야 맛있다'며 현장 반죽을 고집하는 칼국수 장수, '마음은 늘

폭폭 찐 때는 구경 오는 사람도 없더니
그래도 바람 좀 분다고
발이들 했어.
오늘은 장사 좀
되볼구만.

바다에 가 있다'는 활어 장수, '같은 맥심도 내가 탄 커피가 제일 맛있다'는 커피 장수, '날이 더우니 겨울 산이 그립다'며 등산바지를 사러 온 중년 사내, '이 집 빤쓰만 사 입으니 천 원만 더 빼 달라'며 속옷 장수 손에 든 지폐 한 장을 우아하게 잡아채는 할머니, 소원을 묻자 다짜고짜 "로또나 터졌음 좋겠다."는 아저씨, 무얼 묻든 희미하게 웃기만 하는 할아버지…. 지은이의 눈길은 이들의 고집과 낭만과 자부심뿐만 아니라 인색과 허욕과 속 모를 침묵까지도 따뜻이 감싸 안는데, 그래선지 그가 그려 낸 것들은 검정 비닐봉지와 양은 막걸리잔과 만 원에 석 장짜리 팬티와 싸구려 사탕까지도 이쁘게 가슴에 안겨 든다.

'삶이 무료할 땐 사는 맛을 찾아 재래시장에 간다'는 이들이 적지 않다. 무료할 틈 없는 사람들이 말과 몸을 부대끼며 현물을 직접 주고받는 현장이니 사는 맛이 진할 수밖에. 허나 사철 쾌적한 냉난방에, 흥정도 승강이도 무거운 장바구니를 들고 다닐 필요도 없는 '마트'며 '몰'이 널린 세상에 굳이 시장을 일상으로 찾는 이들은 많지 않다. 하물며 그 흔한 비가림 아케이드조차 없는, 재래 중에서도 재래시장에야.

그러니 그 시장을 담은 이런 그림책이 그닥 팔릴 것 같지도 않은데, 성실히 출근하며 그려 낸 작가와 펴낸 출판사가 반갑고 또 고마울 뿐이다. 줄곧 주문받은 그림을 그려 오면서 자의반타의반으로 주장보다는 경청을 통해 남의 마음속을 들여다보는 나름의 노하우를 갖게 됐다는 작가와, '중앙'의 큰 출판사를 관둔 편집자가 '변방'의 바닷가에 차린 조그만 출판사가 의기투합했다니 더욱 그렇다.

책 속 비에 젖어 늘어진 천막 아래서 한 상인이 심상히 툭 던진 말이 오래 남는다. "비가 와도 장사는 하지, 그럼."

2018.5.25.

*이 책을 지은 김은미는 암 투병 끝에 지난 2020년 여름 마흔넷 나이로 작고했습니다. 하늘나라의 재래시장에서도 정겨운 그림을 그리며 행복하기를 삼가 기원합니다.

비가 와도 장사는 하지, 그럼.

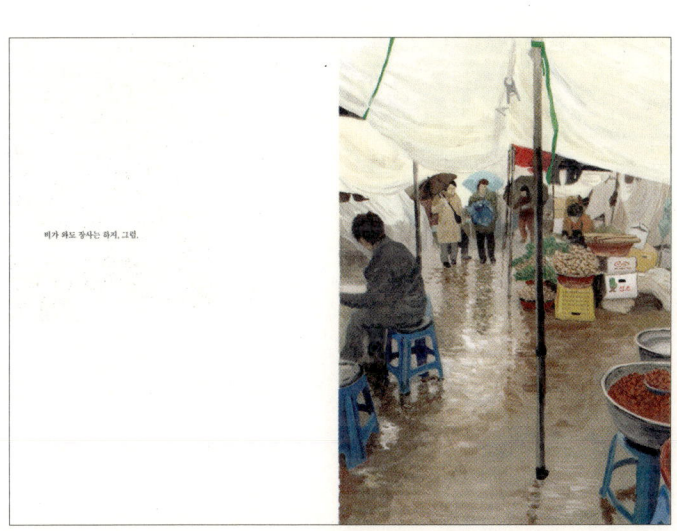

"너희 입에 들어가는 것을 내가 짓는다!"
나는 농부란다

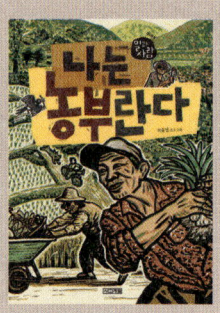

이윤엽
사계절출판사

사람살이의 기본인 옷, 밥, 집 중에서도 가장 기본이 밥이다. 밥은 대부분 땅에서 나온다. 땅은 어머니처럼 모든 걸 받아 주고 키워 준다. 하지만 어머니가 그러하듯, 땅이라 해서 아무 때나 아무 거나 다 받아 주는 건 아니다. 그래서 농부가 있다. 땅을 알고 때를 아는 사람. 이 그림책은 농부의 일과 삶을 말한다.

"어르신, 농사 가르쳐 주세요. 씨는 언제 뿌려요?" 묻는 초보 농군에게, 주름 골 깊은 '농부'가 답한다. "다 때가 있는 법이여!" 그러고는 퉁명스런 표정과는 달리 차근차근 일러준다. 땅과 농사와 농부의 삶을. 땅은 다 다르다. 물을 가둬 벼를 기르는 논이 있고 물이 잘 빠져 채소가 자라는 밭이 있다. 밭도 콩 잘 되는 밭, 깨 잘 되는 밭, 고구마 잘 되는 밭이 따로 있다. "나는 어느 땅에 무얼 심을지 훤하게 알지."

까치가 둥지를 틀 무렵 농부는 헛간에서 묵은 농기구들을 꺼낸다. "나는 벌써 마음이 설레어. 빈 논과 밭이 푸릇푸릇 채워지는 모습이 눈앞에 보이는 것 같거든." 쑥과 냉이가 얼굴을 내밀 때 농부는 거름을 뿌린다. "거름을 먹고 곡식들이 자라면 우리가 맛있게 먹고 똥을 누지. 그 똥은 다시 거름이 되어 곡식을 키우는 거야." 제비 돌아오는 오월, 농부는 아주 바쁘다. 논밭을 갈아엎고, 채소 모종을 옮겨 심는다. "농부가 이때에 꼭 해야 하는 일이야." 볏모를 기르는 일도 이때 하는 일이다.

모가 자라면 논에 옮겨 심는다. 그때 농부의 마음은 초록으로 가득 찬다. 그리하여 온 마을에 연둣빛이 넘실거릴 때, 농부는 한시름 놓고 장에도 가고 가까운 데로 놀러도 간다. "농부가 맨날 일만 하는 줄 아는데, 그렇지 않아. 일할 때가 있고, 쉴 때가 있고, 놀 때도 있는 거야." 그리고 다시 일. 논두렁도 손보고 가지며 고추 곁순도 따 준다. 김매고 벌레도 잡는다. 초록 짙은 여름엔 가지, 고추, 토마토… 잘 여문 열매들을 딴다.

"자동차가 아무리 좋아도, 컴퓨터가 아무리 좋아도 먹을 수는 없잖아. 우리가 먹는 건, 씨 뿌린 농부의 거친 손에서 나와. 풀을 뽑느라 휘어진 농부의 허리에서 나오지. 부지런히

논두렁 밭두렁을 오간 농부의 딴딴한 장딴지에서 나오는 거야." 자부심이 뚝뚝 묻어난다. 지혜가 번득인다. 설렘과 보람이 배어난다. 그러나 오만하지 않다. "농부 혼자서 농사를 짓는 건 아니란다. 햇빛과 물과 바람과 흙, 눈에 보이지 않는 작은 생물들이 함께 짓는 거야."

시련도 겪는다. "큰비가 쏟아지고 태풍이 닥치면, 벼와 고추와 토마토와 옥수수가 물에 잠기고 흙에 파묻혀. 줄기가 부러지고 어린 열매가 떨어지면 내 마음도 무너져." 그래도 농부는 굳세다. "슬프다고 가만히 있을 수는 없지. 여럿이 힘을 합쳐 쓰러진 벼와 고춧대를 다시 세워. 농부는 날마다 보살피고 가꾼 것을 포기하지 않아." 그 시련과 수고를 겪고서야 가을, 농부는 결실을 얻는다. 베고 따고 털고 말리고 담고…, 수확 또한 큰 수고다. 그래도 농부는 기쁘다. "보기만 해도 배불러. 한 알 한 알 얼마나 예쁜지 몰라." 그리고 겨울, 농부는 쉬엄쉬엄 이듬해를 준비하며 휴식기에 들어간다. "그동안 애쓴 땅이 하얀 눈을 덮고 쉬고 있어. 나도 좀 쉬어야지."

꼭 이런 농부 한 분이 이 겨울, 고향집이 아닌 서울의 병원에서 사경을 헤매고 있다. 백남기 씨. 피폐한 농정에 항의하다가 경찰의 위법적 물대포에 맞아 쓰러졌다. 정부는 사과는커녕 진상조사조차 하지 않고 있다. 그들은 대체 무얼 먹고 사는가? 간절히 바란다. 농부여, 일어나시라. 이 책에서처럼, 일어나 외쳐 주시라. "나는 농부다. 너희 입에 들어가는 것을 내가 짓는다!"

2015.12.18.

*백남기 어르신은 2015년 11월 14일에 쓰러진 뒤 1년 가까이 사경을 헤매다가 이듬해인 2016년 9월 25일에 끝내 세상을 떠나셨습니다. 하늘에서는 '아스팔트 농사'를 지어야 하는 일 없으시기를….

한여름에 봄 그림책을 펼치는 이유
봄이다

정하섭 글, 윤봉선 그림
우주나무

제목이 말하듯 이 그림책은 '봄 책'이다. 한여름에 때 아닌 봄 책을 꺼내 든 까닭은 무언가? 청산해야 할 겨울의 잔재가 아직도 남아 있기 때문이다.

책 속에서, 겨울을 나는 생명들은 어서 봄이 되고 싶다. 민들레, 개구리, 반달곰, 네발나비, 진달래, 그리고 어린아이 연이.

작고 약하고 대단찮거나 위기에 몰린 존재들이다. 그래서 이들은 봄이 더 그립다.

민들레는 어디든 더불어 피어나고 싶다. 들이든 산이든 도시 골목이든, 피어나 노란빛으로 물들이고 싶다. 개구리는 자유로이 뛰고 헤엄치며 맘껏 돌아다니고 싶다. 반달곰은 갓 돋아난 새싹 냄새를 배불리 맡고 싶고, 네발나비는 꽃내음 속을 날아 봄소식 전하고 싶으며, 진달래는 누구든 두 눈 환해지도록 속에 접어 둔 고운 빛을 펼쳐 보여 주고 싶다. 연이는 어떤가. 온몸에 볕이 스며 마음 반짝일 날을 깨금발로 동동 기다리다 못해 스스로 봄이 되고 싶다.

그래서 이들은 차가운 겨울 땅을 박차고 나선다. 용기 내어 꽃을 피우고, 폴짝 뛰어오르고, 기지개를 켜며 굴 밖으로 성큼 나선다. 발갛게 꽃망울을 부풀리고, 서늘한 바람에 덜 풀린 몸을 실어 날아오른다. 무거운 겨울옷을 가뿐한 봄옷으로 갈아입고 집 밖으로 나선다. 아, 바야흐로 봄인 듯하다.

그런데 이상하다. 봄인 줄 알았으나 아직 봄이 아니다. 쌩쌩 바람은 차고 볕은 아직 미약하다. 다들 몸을 움츠린다. "봄이 되려면 더 기다려야 하나 봐."

하지만, 언제를 봄이라 하는가. 흐르는 세월에 금을 긋고 여기까지 겨울이요 저기부터 봄이라 할 수 있는가. 설령 그렇대

도 스스로 피한(避寒)의 골방에 처박힌 채 떨쳐 나오지 않으면, 세월이 금을 지난들 봄이라 할 수 있는가. 연이는 그것을 안다. "아니야! 개구리가 나오고 곰이 깨어나고 꽃이 피고 나비가 날면 봄이잖아." 그러자 반달곰이 말한다. "맞아, 내가 봄이야." 나비와 개구리도 말한다. "나도 봄이야." 다 같이 외친다. "그래, 우리가 봄이다!" 이들뿐이랴, 새싹들이 발딱발딱 고개를 든다. 나뭇잎이 힘껏 손을 내민다. 꽃들이 펑펑 망울을 터뜨린다. 새들은 노래하고 토끼며 다람쥐, 고라니도 소리 지르고 아이들은 팔 벌려 들판을 달린다. 그랬더니, 마침내 연둣빛 들판이 열린다. 비로소 누구도 되돌릴 수 없는, 완전한 봄이다.

십년 한파를 견디다 못한 생명들이 차가운 광장으로 촛불을 들고 나와 겨울을 몰아냈다. 그런데 이상하다. 겨울 가면 당연히 봄인 줄 알았는데, 그늘의 추한 잔설들이 여전히 한기를 내뿜는다. 일꾼 가리자는데 종북을 들이대고, 유신(維新)의 우상을 세우겠노라 악을 쓴다. 물난리에 외유를 꾸짖는 국민들을 들쥐라 모욕한다. 그뿐인가. 봄이라 자처하는 이들 속에도 권력에 취해 거들먹거리는 겨울들이 적지 않다.

다시, 언제부터를 봄이라 해야 하는가. 그림책이 일러준다. '골방으로 되들어가면 안 돼! 나와서 외쳐야 해, 우리가 봄이라고. 발딱발딱 고개를 들고 힘껏 손을 내밀고 펑펑 망울을 터뜨려야 해. 노래하고 소리치고 팔 벌려 달려야 해!' 그래, 봄은 오는 것이 아니라 만드는 것이다. 삽 들어 잔설을 걷어 내고, 그늘마다 봄볕을 끌어들여야 한다. 구석구석 꽃을 심고 겨울이 다시는 기웃거리지 못하도록 수시로 살펴야 한다. 우리 안의 겨울 또한 발본해야만 한다. 그래야 마침내 봄이다. 염천에 봄 책을 다시 꺼내 든 까닭이다.

2017.7.27.

거리의 음악가에게 건네는 동전 한 닢
길거리 가수 새미

찰스 키핑, 서애경 옮김
사계절출판사

머리 위로 전철이 지나는 지하도에 가수 새미가 있었다. 가수는 남들에게 노래를 들려주는 사람이다. 새미는 누굴 위해 노래했나? 일터를 오가는 노동자들, 거리의 아이들, 강아지와 고양이…. 새미는 '길거리 가수'였다. 등에 큰북을 메고 양손에 아코디언, 무릎 사이엔 심벌즈를 매어단 채 신나게 연주하고 흥겹게 노래하는. 노래는 가슴에 차오른 감정을 음성을 통해

선율로 표현하는 것, 그리하여 타인의 가슴에 공명하는 것. 노래에 공명한 사람들은 기꺼이 동전을 던져 주었고 새미는 그것으로 생계를 해결하며 흥겨운 길거리 공연을 이어 갔다.

공연은 흥행사가 등장하면서 중단되었다. 한 서커스 단장이 새미를 '픽업'한 것이다. 길거리 가수라고 인기를 얻는 꿈이 없었으랴. 관객과 박수소리를 사랑한 새미는 서커스 무대에서도 흥겹게 노래했다. 그러나 단장은 재능을 조롱거리로 만들어 관객을 웃기고 싶었고, 새미는 그렇게 되어 버렸다.

실망한 새미에게 더 큰 흥행사가 다가왔다. "나한테 맡겨 봐. 진짜 가수로 만들어 줄 테니." 그는 정말 능력 있는 자였다. 새미는 곧 중앙 무대에 섰고 체육관 공연에서도 잘나갔으며 텔레비전 화면도 차지하게 되었다. 하지만 인기의 비결은 새미의 노래가 아니었다. 그보다는 흥행 자본이 연출한 현란하고 섹시한 비주얼과 가수의 목소리를 압도하는 사운드였으며, 황색언론이 추어주는 연예기사였다. 그리고 그 모든 것은 신기루 같은 연예 '상품'의 유효기간이 지나면 곧장 다른 '물건'으로 옮겨 갈 것들이었다.

얼마 뒤 새미의 자리는 새 상품으로 채워졌고, 새미는 손바닥만 한 비디오테잎 속에 남아 대중으로부터 잊혀 갔다. 재기를 꿈꾼 새미는 짧지만 강렬한 인기가 안겨 준 집과 재산을 털어

자신이 등장하는 스펙터클 영화를 찍었다. 그러나 새미는 영화가 아니라 노래를 하는 사람. 영화는 망하고 새미는 빈털터리가 되었다. 남은 것은 예전의 '길거리 악기'뿐.

새미는 비 내리는 공원 벤치에 앉아 처지를 한탄했다. 그러다 문득 길거리의 옛 친구들이 함께 비를 맞으며 자신을 물끄러미 지켜보고 있음을 알았다. 순간 깨달았다. 자신은 변함없는 길거리 가수라는 걸. 새미는 악기를 둘러메고 지하도로 달려갔다. 그리고 오랜만에, 공연상의 관중들에게 보여 주는 퍼포먼스가 아니라 거리의 친구들을 위한 노래를 하며 행복을 느꼈다.

20세기를 살다 간 영국의 작가가 35년 전에 만든 이 그림책이 오늘날 이 땅에서도 남들의 흘러간 이야기로 느껴지지 않는 것은 작가의 천재성 때문만은 아니다. 대중예술가들의 꿈과 그 꿈을 이용해 부를 창출하는 스타시스템의 원리가 지역과 시대를 막론하여 크게 다르지 않은 까닭이리라. 더불어, 작고 낮은 이들과 공명하여 위안과 희망의 빛을 자아내는 대중예술의 본질에 변함이 없기 때문이리라. 빛을 얻은 대가로 사람들은 거리의 음악가에게 동전 – 저작권료를 건네주고, 음악가들은 그것을 양식 삼아 '거리의 공연'을 이어 갈 수 있는 것이다.

야만의 시절부터 촛불 광장까지, 작고 낮은 사람들과 공명하는 수많은 노래들을 만들어 온 두 음악가가 있다. 김호철과 윤민석. 자본과 권력의 찬 그늘 속에서 빛을 찾던 이들이라면 이들의 노래에 신세지지 않은 자 없을 것이다. 한 번도 음악으로 돈 벌 궁리를 하지 않고 살아온 이들의 삶이 지금 큰 시련을 겪고 있다. 물신의 시대에 물신을 거부하며 살아온 까닭이다. 이들의 삶을 존경하는 후배들이 지금 김호철의 음악을 모아 음반을 만들고 있다.

이 그림책은 이런 말로 끝을 맺는다. "새미는 지하도를 오가는 사람들의 삶에 작은 기쁨과 즐거움을 안겨 주고 있습니다.

진짜 가수란 바로 이런 것이지요. 만약 여러분도 새미를 만난다면 동전 한 닢 주고, 함께 춤추고 노래해 보세요." 이 땅의 지하도를 지나며 '새미의 노래'를 들어 본 사람이라면, 그 노래에서 위안과 희망을 느껴 본 사람이라면, 김호철의 음반 한 장 구입하길 권한다. 음반 값에 거리의 음악가에게 건네는 동전 한 닢이 들어 있다.

2018.11.9.

*김호철의 아내이자 낮은 사람들을 위해 노래하던 '길거리 가수' 황현은 3년간의 투병 끝에 2021년 10월 2일, 영면했습니다. 그의 노래가 천상에서도 지상에서도 끊이지 않기를 바랍니다.

이제 다시 날마다 새미를 만날 수 있게 되었습니다. 새미는 옛 친구들과 함께, 혼잡한 찻길 아래 지하도를 오가는 사람들의 삶에 작은 기쁨과 즐거움을 안겨 주고 있습니다. 진짜 가수란 바로 이런 것이지요. 만약 여러분도 이 지하도에서 새미를 만난다면 동전 한 닢 주고, 새미와 함께 춤추고 노래해 보세요.

길거리 가수 새미

누가 실망을 기대로 바꾸어 주었나
아주 아주 큰 고구마

아까바 스에끼찌, 양미화 옮김
창비

"내일 고구마 캐러 가요." "우아!" 선생님 말씀에 유치원 꼬마들 신이 났다. 왜 아닐까? 봄날 고사리손으로 순을 놓으며, '가을쯤엔 내가 심은 고구마를 내가 캐어 맛나게 먹을 거야!' 생각했을 터이니. 그런데 다음날 아침, 비가 내린다. "다음 주에 가기로 해요." 아이들 난리 난다. "싫어요. 싫어요. 싫어요. 우산 쓰면 되잖아요! 장화 신으면 되잖아요! 비옷 입으면 되잖아요!" 이유 있는 항변이다. 잠시 생각해 보자. 선생님은 어떻게 할까? 아니, 나라면 어쩔 것인가?

그림책 속의 선생님은 이렇게 아이들을 달랜다. "얘들아, 있잖아. 고구마는 한 밤 자면 쑥 자라고 두 밤 자면 쑥쑥 자라고 세 밤 자면 쑤우욱 자라. 네 밤 자고 다섯 밤 자고 여섯 밤 자고 일곱 밤 자면 엄청 크게 자라서 우리를 기다릴 거야." 그러자 아이들이 궁금해한다. "이만큼 커질까?" "아냐, 이~만큼 커져." "아냐, 아냐. 이~~만큼 이~만큼 커져." 상상하니 표현하고 싶다. "선생님, 고구마 그릴래요." "종이 주세요. 물감 주세요. 붓 주세요." 그렇지, 고구마 문제는 고구마로 풀어야지.
실망이 기대로 바뀌었다. 기대가 상상을 낳고, 상상이 표현을 자극했다. 아이들은 고구마를 캐러 가는 대신 고구마를 그리기 시작한다. 커다란 종이, 한 장으로 상상을 채울 수 없다. 석 장을 이어 붙여 시작한 그리기 놀이는 무려 열여섯 장에 이르러 끝이 났다. "어떻게 그렸어요?" 선생님이 그림을 보고 깜짝 놀란다. "에구구! 참말 아주 아주 큰 고구마네!" 질문을 던진다. "이렇게 큰 고구마 어떻게 캐지?" 아이들은 힘을 합쳐 삽질을 하고 줄다리기를 하는 해법을 내놓는다.
이어지는 질문과 해법, "아주 아주 큰 고구마 어떻게 옮길까?" 헬리콥터 두 대로. "진흙투성이야. 어떡하지?" 북북 박박 뽀

드득 씻는다. "이제 뭐하지?" 수영장에 띄워 뱃놀이를 하고, 요리조리 깎아 고구마사우르스, 공룡을 만든다. 아이들이 맘껏 즐긴 뒤에, 선생님이 다시 묻는다. "재미있게 놀았어요? 이제 뭐 할래요?" 실컷 놀았으니 배가 고프다. "먹을래요." 잘게 잘라, 튀김이며 군고구마, 맛탕을 만들어 잔치를 벌인다. 잔뜩 먹었더니 배가 볼록볼록, 뿡 뿌우웅 가스를 뿜어 하늘로 날아오른다. 까르르 까르르 우주여행을 하던 아이들, 저녁놀 지니 구름을 타고 집으로 돌아온다. 놀이가 끝났다. 이야기도 끝났다. 선생님도, 아이들도, 독자들도 흡족하다.

좌절된 고구마 캐기는 어떻게 이처럼 신나는 표현과 상상의 놀이로 바뀌었을까? 실망을 기대로, 상상으로, 표현으로, 마침내는 협력과 나눔과 창의 가득한 놀이로 이어지게 한 사람은 누구인가? 선생님…, 사려 깊은 어른이 아이들을 바꾼다. 어른들의 언행이 이처럼 무겁다.

2016. 5. 13.

"그래서?" 라고 말하기
플릭스

토미 웅거러, 이현정 옮김
비룡소

고양이 도시의 산부인과, 아내도 남편도 고양이인 부부가 아기를 낳았다. "아들입니다!" 둘은 기뻐하며 아기를 들여다본다. "정말 귀엽죠?" 아내가 속삭이지만 남편은 당황스럽다. "이… 이 아이는 강아지잖소!" 독자도 당황스럽다. '어떻게 이런 일이!'라기 보다, '어떻게 이런 이야기를!'에 가까울 터. 하지만 그림책 속 산모는 아무렇지 않다. "그래서요?" 강아지 아이를 낳은 고양이 엄마의 태도에 당신은 점입가경을 느끼는가, 마음이 놓이는가.

고양이 신문사의 입장은 점입가경 쪽. "고양이 부부가 강아지를 낳다!" 대서특필이다. 다행히도 불륜을 상상하는 황색언론은 아닌 듯. "유전자가 드디어 미쳤다!" 아이 아빠의 입장은 더 다행스럽다. "할머니가 몹스 종 개와 연애를 했다는 소문을 들었어요. 그리고 이제 와서 그 후손에게…. 자연의 변덕이지요! 그게 전부입니다!"

아기에게 '플릭스'라는 세례명이 주어지고, 개 도시에서 온 메도르 박사가 대부로 정해진다. 플릭스는 '다문화적' 존재로 자라난다. 부모는 고양이의 언어와 나무 타는 법을 가르치고, 대부는 개의 언어와 헤엄치는 법을 알려 준다. 하지만 놀아 주는 아이는 아무도 없다. 학교 갈 나이가 되자 부모는 플릭스를 메도르 박사에게 맡겨 강 건너 개들의 도시로 유학 보낸다.

주말이면 집으로 돌아와 시간을 보내던 플릭스, 하루는 산책 중 강물에 빠진 고양이 아저씨를 발견하고 헤엄쳐 구해 준다. 개의 능력이다! 세월이 흘러 대학생이 된 플릭스, 불이 난 여학생 기숙사 5층에서 살려 달라 외치는 푸들 아가씨 미르차를 나무를 타고 올라가 구해 준다. 고양이의 능력이다!

플릭스와 미르차는 사랑에 빠져 결혼을 하고, 플릭스는 개 도시에 쥐덫 체인점을 낸다. 그곳에서 덫에 걸린 쥐들을 사 모아 고양이 도시로 보내는 사업을 하여 성공한 플릭스, 이제 정치에 나서 새로운 정당을 만든다. '개고련 - 개와 고양이의 연합'. 개 도시와 고양이 도시를 통합하여 서로 존중하며 평등하게 지낼 것을 주장한 플릭스는 마침내 통합 도시의 시장이 되고, 바로 그날 아내에게 기쁜 소식을 듣는다. "우리는 곧 셋이 될 거예요." 균질의 사회에 이질적 존재로 태어나 좌절과 불행을 겪기 십상이었던 아이가, 성공과 행복의 주인공으로 우뚝 서는 순간이다. 무엇이 이를 가능케 했을까?

모든 이야기는 문제로부터 시작된다. 문제적 사건으로 삶의 균형이 깨어진 존재들이 그것을 해결해 가는 과정을 그리는 것이 이야기다. 거기서 우리는 우리 삶에 닥쳐오는 문제들을 해결할 실마리를 얻는다.

문제 중에서도 가장 어려운 것이 '운명적 문제'다. 고양이 사회에 강아지로 태어난 아이 - 이 이야기가 제시하는 운명적 문제는 그뿐일까? 이른바 '단일민족'의 사회에 이민족의 형상으로 태어나는 '다문화가정'의 자녀들, 비장애인 세상의 장애인들, 동성을 사랑하는 운명으로 태어난 사람들…. 이른바 '정상'이라 주장하는 다수의 세상에 '비정상'이라는 꼬리표를 달게 되는 소수자들이 모두 플릭스다. 무엇이 플릭스들에게 주어진 '운명의 저주'를 축복으로 바꿀 것인가?

이 이야기 속에는 최선을 다해 플릭스를 키우는 부모와, 최적의 조합으로 정해진 대부가 있다. 부모는 개인의 도리일 터, 대부는 사회 시스템이다. 그 바탕에 태도가 있다. 개인의 도리든 사회 시스템이든 그것을 발전적으로 작동하게 하는 확고한 태도 - "그래서요?"

이 책의 마지막 장면은 개 부부 플릭스와 미르차가 아기를 낳는 순간을 보여 준다. 아기의 첫 울음소리는 이렇다. "야옹!" 이제 우리도 말할 수 있어야 한다. "그래서요?"

2017.3.3.

저쪽에 서서 이쪽을 보라
상상 이상

이스트반 바여이
내인생의책

#1. 어느 방 안. 활짝 열린 창 밖에 종이비행기 하나 호젓이 날고 있다. 첼로를 켜던 작은 소녀가 내다보고 있다. 책장을 넘기니 건물 밖에서 본 풍경. 종이비행기 무수히 날고 있다. 소녀의 방 위층 반쯤 열린 창 밖으로 한 소년이 그것들을 날리고 있다.

#2. 높은 하늘에 여객기 난다. 동체에 나란한 작은 창 하나에

밖을 내다보는 소년이 조그맣게 보인다. 책장을 넘기면 여객기 안의 모습. 제각기 제 일을 하는 승객들 끄트머리, 창가에 소년이 바짝 붙어 밖을 내다보고 있다.
#3. 한가로운 바닷가. 사내아이들이 장난감 로켓을 쏘려 하고 있다. 책장을 넘기니 저편 바닷가, 강아지 한 마리가 떨어지는 로켓을 피해 황급히 달아난다. …

그림책 《상상 이상》의 장면들이다. 책장의 앞면과 뒷면을 무대 삼아 이편과 저편의 풍경들을 대조해 보여 준다. 동물원 호랑이 우리의 바깥쪽과 안쪽, 공연장 객석과 무대의 커튼 뒤, 지하철 동쪽 출구와 서쪽 출구, … 골목의 이 모퉁이와 저 모퉁이, 교실의 안과 밖, 수영장의 수면 위와 그 아래, 일식이 진행되는 중 달에서 본 지구와 지구에서 본 달의 모습들이 차례로 펼쳐진다. 허를 찌르며 전개되는, 이편의 당연한 풍경과 저편의 예상치 못한 이야기들. 독자는 '이런 줄 알았으나 실은 저러한 수많은 풍경들'을 목도하게 되는 것이다. '서 있는 곳이 다르면 풍경도 달라지니, 진실을 알려거든 저편에 서 보라'는 메시지가 훅 다가온다.
이 책의 원제는 'The Other Side', '반대편' 혹은 이편의 상대어로서 '저편'이라는 뜻이다. 글 없이 그림만으로 쓴 정교한 이야기가, 정신을 바짝 차리고 정독해야 할 만큼 '상상 이상'인지라 한국어판의 제목도 나쁘지 않다. 하지만 주된 메시지의 측면에서 보면 역시 원제가 적절하며, 의역을 하자면 '역지사지' 정도가 알맞겠다.

책장을 덮으니 또 다른 이편과 저편들이 떠오른다. 남녀와 노사와 갑을과…. 도처에 역지사지가 절실한 시절이라, 문득 출처를 찾아보니 《맹자》에 닿는다. 맹자가 말하기를, "우 임금은 물에 빠지는 이 있으면 자신이 치수를 잘못하여 그가 물에 빠졌다고 생각했고, 후직은 굶주리는 이 있으면 자기의 잘못으로 그가 굶주린다고 생각하여 급하게 여겼다." 이로부터 '남의 고통을 나의 고통으로 여기다'라는 뜻의 '기익기기(己溺己飢)'라는 말이 나왔으며, 나아가 역지사지라는 말에까지 이르게 되었다 하니, 역지사지의 주어는 약자가 아니라 강자이어야 함이 마땅하다.

지하철공사 하청업체의 말단 노동자로 스크린도어 뒤에서 끼니를 걸러 가며 일하다가 무참히 스러진 열아홉 청년의 죽음에 가슴이 찢어지는 이즈음이다. 그를 죽음으로 내몬 이들은 이편의 당연한 풍경을 보고 있었을 것이다. 지금 당장 스크린도어의 저편에 서 보라.

2016.06.10.

지금 여기에 필요한 생존 전략
콤비

소윤경
문학동네

호랑이와 사자가 싸우면 누가 이길까? 악어랑 하마가 싸우면? 슈퍼맨과 배트맨은? … 사내아이들을 키우다 보면 흔히 듣는 질문이다. 내가 어렸을 때도 그랬다. 숱한 맹수들과, 마징가 제트와 태권브이 같은 로봇들을 상상의 콜로세움에 몰아넣었고, 소년잡지에 실린 쌍방 전력분석을 통한 승패 예측 기사를 침 삼키며 읽곤 했다. 예나 지금이나 사내아이들의 호전성은 어쩔 수 없는 것인가?

아들만 둘을 키우면서, 되풀이되는 우문에 현답을 구해 보았다. "둘 다 지느니라." 이긴 놈이라 해도 피투성이일 테니까. 그런데 어느새 머리가 굵어진 작은아들 녀석의 질문이 이렇게 업그레이드됐다. "미국이랑 중국이 싸우면 누가 이길까?" 이쯤 되면 혀를 끌끌 차는 수준을 넘어 공포가 엄습해 오는 것이다. 미국이든 중국이든 러시아든 이른바 강대국들이 전면전을 벌인다면, 그 결과는 '인류의 공멸'이 아닌가?

사내들이 주축을 이루는 인간세계의 권력들은 대량살상무기를 경쟁하듯 늘려 왔다. 인류는 자신들의 서식지인 지구를 몇 번이나 날려 버릴 만큼의 핵무기를 보유하게 되었다. 누군가 버튼 하나만 잘못 누르면…, 공포가 상상을 초월한다. 그 상상 이상의 세계를 〈그날이 오면〉(On The Beach, 1959)에서부터 〈매드 맥스〉(2015)에 이르기까지 수많은 영화들이 보여 주고 있다. 핵전쟁 이후의 황량한 세상. 그 폐허 위에서 인류의 존속을 모색하는 눈물겨운 노력들. 그러나 거기서도 싸움은 계속된다.

소윤경의 그림책 《콤비》도 핵전쟁 이후의 세계를 보여 준다. '대전쟁' 이후 얼마 남지 않은 인류는 황량한 이 행성의 '사막

섬'에서 근근이 살아간다. 피폭으로 번식력마저 잃었기에, 생존을 위해 생명력이 우월한 다른 종에게 기댈 수밖에 없는 상황. 그나마 포유류는 대부분 멸종되었고 남은 것은 곤충과 몇 종의 양서류와 해양생명체들뿐이다. 그 생명체들이 유전자 변형을 거쳐 인간과 비슷한 체격과 지능, 감성을 갖추고 인간의 새로운 가족이자 파트너가 되었다. 인간과 쥐, 도마뱀, 거미, 해파리, 사마귀, 달팽이, 개구리 따위들이 '콤비'를 이루어 서로 의지하며 살고 있는 것이다.

이 기이한 콤비들이 인간과 인간의 콤비와 똑같이 서로 위하고 다투고 연민하고 이별하고 그리워하며 그 우울하고 삭막한 세상을 견뎌 가는데, 숱한 전쟁을 겪으며 늙은 종군화가가 먼지와 땀으로 얼룩진 낡은 화첩에 그 모습들을 기록한 것이 바로 이 그림책이다.

종군화가는 화첩의 마지막 장에 이렇고 적고 있다. "이곳에서 다시 새로운 생명들이 시작될 것이다. 언젠가 나의 화첩을 펼쳐 보게 될 그들에게 부디, 희망이 있길 바란다."

작가는 작품 속에 자신의 세계관으로 가동되는 세계를 구축하는 사람이다. 작가 소윤경은 핵전쟁 이후의 세계에서 인간이 살아남을 희망의 방도를 모색하다가, 꺼리던 것들과의 '콤비' – 조합, 결합, 협력 – 이라는 결론을 얻은 모양이다. '콤비'

는 '서로 싸우면?'의 가정법이 아니라 '서로 도우면?'의 가정법이다. 그것이 단지 핵겨울에서의 생존법이기만 할까. 지금 당장, 여기에 꼭 필요한 생존 전략이다.

2015.8.14.

노 하나 들고 나아가는 아이들의 앞길에
노를 든 신부

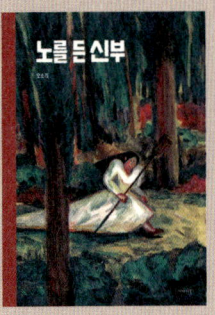

오소리
이야기꽃

섬 집 창가에 소녀 하나 무료한 듯 앉아 있다. 친구들이 모두 신부와 신랑이 되어 섬을 떠났으니, 소녀도 이제 오래 앉아 있던 의자에서 일어나야 할 때. '나도 신부가 되어야겠어!' 소녀는 '모험'을 떠나기로 마음먹는다. 창밖엔 빛깔이 발랄한 나무 한 그루, 소녀의 앞날을 암시하는 듯 바다를 바라보고 우뚝 서 있다.

"네가 자랑스럽다." 부모님이 낡은 드레스와 노 하나를 주며 말한다. 대단한 혼수나 넉넉한 재산 대신에 소녀의 성장을 인정해 준 걸까. "이제 소녀가 아니라 신부구나." 두 사람은 소녀를 꼭 안아 줌으로써 앞날을 축복한다. 신부가 된 소녀는 이제 드레스 차림에 노 하나를 들고 바닷가로 나아간다.

그러나 세상이 어디 이 순박한 가족의 마음만 같을까? "이곳을 나갈 배를 찾고 있어요." 사람들은 배를 찾는 신부를 보는 대신 신부가 들고 있는 노를 보며 말한다. "미안하지만, 노 하나로는 갈 수 없어요." 섬 한 바퀴를 다 돌도록 신부는 자신을 태워 줄 배를 찾지 못한다. 정확하게는, 노의 개수에 개의치 않는 사람을 만나지 못한다.

노를 든 신부

계산과 잇속에 염증을 느낀 걸까. 신부는 바닷가를 떠나 산으로 가고, 중턱쯤에서 신부의 노가 몇 개인지 궁금해하지 않는 사람을 만난다. "내 배에 타시지요. 절대 외롭지 않을 거요." 그런데 그 배에는 처지가 비슷해 보이는 수많은 신부들이 타고 있다. 그들은 왜 거기 타고 있는 걸까? 그리고 어디로 가게 될까? 어쨌든 이곳은 있을 자리가 아니다.

산꼭대기에서 신부는 또 한 사람을 만난다. "내 배는 이 섬에서 가장 호화롭지요. 이 배를 타면 모두가 부러워할 거요." 하지만 산정에 걸쳐 있는 호화로운 크루즈 또한 신부가 탈 배는 아니다. "이건 아니야."

'차라리 심심한 게 나을지도 모르겠어.' 신부가 숲속을 걸으며 생각에 잠겨 있을 때, 다급한 목소리가 들린다. "사람 살려!" 늪에 빠진 사냥꾼이 도움을 요청하고 있다. 신부가 늪 주위를 두리번거리자 사냥꾼이 원망스러운 듯 소리친다. "왜 저를 구해 주지 않는 거죠?" "지금 밧줄을 찾고 있어요!" "당신에겐 기다란 노가 있잖소!"

그랬다. 계산과 잇속에 익숙한 이들에겐 아무 가치도 없었던 한 자루의 노, 그러나 그것이 꼭 필요한 사람에겐 목숨을 구할 가능성이 담겨 있었다. "오! 당신은 천재예요!" 신부의 눈이 반짝였다.

'이제 즐거운 시간을 보낼 수 있겠어!' 신부는 자신의 노로 과

일을 따고, 요리를 하고, 커다란 곰과 격투도 벌인다. 그리고 마을로 내려가 사람들과 함께 야구를 한다. 자신감이 붙은 노는 방망이가 되어, 타악! 끝도 없이 날아가는 홈런을 치고야 만다. 이제 행복할 일만 남았다.

곧 유명한 야구팀의 감독들이 바다 건너 신부를 찾아와, 저마다 자기 팀으로 올 것을 청한다. 신부가 조금의 망설임도 없이 택한 것은 추운 지방의 야구팀. 이유는 단 하나, "하얀 눈을 보고 싶으니까요!" 그 많은 배들 대신에, 신부를 새로운 곳으로 데려다 줄 비행기가 기다리고 있다. 이제 보랏빛 하늘처럼 흥미로운 나날들이 신부를 기다리고 있을 테다.

자립의 의지를 품고 바다로 나아가는 '신부'에게 주어진 낡은 드레스와 노 한 자루가 은유하는 바는 무얼까? 그 길에서 만난 사람들과 그들의 거절과 제안과 유혹과 요청은 무얼 뜻하는 걸까? 삼포, 사포, 오포, 전포… 포기하는 것의 개수와 금은동이니 나무니 흙이니 하는 수저의 비유에 익숙한 시대에 이 그림책 속 보조관념들로 표현된 원관념을 추측하기는 그리 어렵지 않다. 그러니 아이들이 그림책의 알레고리를 간파하고 나도 신부처럼 살리라 마음먹게 될 수도 있으리라.

그러나 어른 된 자로서 이 시대의 아이들에게 '이야기 속의 신부가 그랬듯 너도 네가 지닌 것의 가능성을 찾아 당당하게 세상으로 나아가라'고 심상하게 말하기란 쉽지 않은 일이다. 어찌해야 한단 말인가.

이야기를 읽으며 우리가 자신을 비출 대상은 단지 주인공만이 아니다. 새털 같은 현실의 시간을 압축하고 압축해 놓은 이야기 속에 쓸 데 없는 요소는 하나도 없다. 이 짧은 이야기에 등장하는 인물들이야 두 말할 나위도. '노 하나'를 거절하는 바닷가의 사람들, 노가 없거나 하나뿐인 신부들만 골라 외롭지 않게 해 주겠다며 유혹하는 산중턱의 사람, 산정에 걸린 크루즈처럼 위태로운 욕망을 부추기는 산꼭대기의 사람…. 이 모두가 우리의 거울로 그 자리에 있는 것이다. 그들처럼 살지 않겠노라고 스스로 경계하는 것, 그것만으로도 우리는 노 하나 들고 신부가 되려는 아이들의 앞길을 최소한 가로막지는 않게 될 수 있는 거 아닐까.

2021.12.27.

'태어나길 잘했다'고 말할 수 있을까
평화란 어떤 걸까?

하마다 게이코, 박종진 옮김
사계절출판사

누구나 평화를 바란다. 하루치 신문만 훑어봐도 알 수 있듯이, 세상이 평화롭지 않으니까. 그런데 '평화'란 어떤 걸까? 사전은 '전쟁, 분쟁 또는 일체의 갈등이 없이 평온함. 또는 그런 상태'(《표준국어대사전》)라 말한다. 맞지만 공허하다. 평화란 상태일 뿐만 아니라 이상이요 목표일 텐데, 그것을 향해 갈 구체적인 실천의 지침을 찾을 수 없기 때문이다. 이 책은 바로 그 문제를 생각해 보는 그림책이다.

이 책의 화자는 아이다. 그래서 이 책의 말은 단순하고 명료하다. 폭격기가 날아오고 폭탄이 떨어져 일상이 부서진 전쟁터에서, 엄마 품에 매달린 아이는 이렇게 말한다. 평화란 "전쟁을 하지 않는 것", "폭탄 따위는 떨어뜨리지 않는 것", "집과 마을을 파괴하지 않는 것." 그 까닭도 명료하다. "왜냐면, 사랑하는 사람과 언제까지나 함께 있고 싶으니까." 그보다 더 또렷하고 절실한 이유가 또 있을까?

아이의 '평화'는 이렇게 이어진다. "배가 고프면 누구든 밥을 먹을 수 있고, 친구들과 함께 공부도 할 수 있는 것", "사람들 앞에서 좋아하는 노래를 맘껏 부를 수 있는 것", "싫은 건 싫다고 혼자서라도 당당히 말할 수 있는 것." 타인의 시선을 얻은 것이다. 그 모든 것이 지극히 당연한 권리이자 일상이지만, 세상의 수많은 '누군가'들에게는 너무나 어렵고 절실한 바람인 것이 엄연한 현실이니까. 나만 평화롭다고 평화로운 게 아니니까.

아이는 이제 '관계' 속에 선다. "잘못을 저질렀다면 잘못했다고 사과하는 것", "어떤 신을 믿더라도, 신을 믿지 않더라도, 서로서로 화를 내지 않는 것." 누구든 잘못을 저지를 수 있다. 누구나 다른 믿음을 가질 수 있다. 그것을 부정할 때, 자신의 잘못과 남의 다름을 인정하지 않을 때 평화는 요원해진다. 그러므로 너와 나의 관계 속에서 반성과 존중은 평화를 위해 꼭 필요한 전제다. 사실 이러한 인식은 그리 특별할 것이 없다. 그러나 이 책이 '한중일 세 나라 작가들과 출판사들의 공동 기획'의 산물이라는 점에서 각별하게 느껴진다.

잘못의 인정과 사과는 평화를 위해 필요한 '과거에 대한 태도'이고, 다름에 대한 관용과 존중은 '평화로운 미래를 열어 가는 자세'다. 그 반성과 존중으로 너와 나는 '우리'가 된다. 어우러진 '우리'가 평화를 이루어 간다. 어우러져 마음껏 뛰어놀고, 아침까지 푹 잠을 잔다. 그리고 입을 모아 외친다. "목숨은 한 사람에 하나씩, 오직 하나뿐인 귀중한 목숨"이니, "절대 죽여서는 안 돼. 죽임을 당해서도 안 돼. 무기 따위는 필요 없어." 싸우는 대신 "모두 함께 잔치를 준비하자."

그리하여 기다리고 기다리던 평화로운 날에 다 같이 신나게 행진을 한다. 그제야 아이는 이렇게 말할 수 있다. "평화란 내가 태어나길 잘했다고 하는 것. 네가 태어나길 잘했다고 하는 것. 그리고 너와 내가 친구가 될 수 있는 것." 책 속의 아이는 책 밖 어른들의 눈을 똑바로 바라보고 있다. "내가 태어나길 잘했다고 말할 수 있게 해 주세요!" 요청하는 것처럼.

한일 정부는 이른바 '위안부 합의'에 따라 '법적 배상금'이 아닌 '위로금'을 '위안부' 피해자 할머니들께 지급하겠다고 한다. '평화의 소녀상'을 철거하니 마니 오가는 말들은 종잡을 수 없이 혼탁하다. 손바닥으로 하늘을 가리는 졸렬한 처사다. 아이들이 '내가 태어나길 잘했다'고 말하기를 기대할 수 있을까?

2016.9.2.

잘 늙어 죽을 준비를 하자
할머니네 집

지은
이야기꽃

"그저 딱 사흘만 앓고, 잠자다가 죽었으면 좋겠다." 돌아가신 어머니가 입버릇처럼 하던 말이다. 내 어머니뿐일까. 대개의 어르신들이 같은 말을 한다. 자식들에게 병구완의 부담을 주고 싶지 않은 마지막 내리사랑과, 죽음의 고통을 눈 뜨고 맞닥뜨리고 싶지 않은 인간적 소망의 표현일 것이다. 젊은 시절 '잘 사는 것'이었던 삶의 과제는, 노년에 이르러 그렇게 '잘 죽는 것'으로 바뀌어 간다.

"할머니, 효자동 집 기억나요?" "효자동 집? 마당에, 주목나무랑 대추나무!" "마당에?" "있었어, 거기. 들어가는 대문 있는 데에 울타리." "그리고 또?" "아이, 가서 사진 찍어 와, 우리 집. 집 그리기 싫어." "땅도 파고?" "응. 내가 다 땅 파고 장도 담고 장독 묻고 그랬지."

한 손에 지팡이를 들고 한쪽 발에만 버선을 신은 채 소파에 모로 누운 할머니의 모습과, 몇십 번은 되풀이했을 듯한 대화가 프롤로그로 지나간 뒤 시작하는 이 그림책 본문의 첫 문장은 이렇다. "19년 전, 할머니가 우리 집에 오셨다. 지팡이를 짚고, 왼쪽 다리를 살짝 땅에 끌면서." 그렇다. 이 책은 화자인 작가가 기력과 총기를 잃은 할머니를 소녀 시절에 한 식구로 맞이한 뒤 함께 보내 온 19년 세월, 일상의 기록이다.
"나 오늘은 집에 간다아! 이따가 나 기다리지 마." 복지관에 가는 금요일마다 할머니는 이렇게 말한다. 떠나온 지 열아홉 해, 진즉에 남의 집이 되었는데도 할머니는 여전히 전에 살던 '효자동 집'에 살고 있다. 익숙한 것을 안전하다 여기는 치매 환자의 심리일까, 좋았던 시절 속에 머물고 싶은 소박한 욕망일까. 어떻든 작가가 보기에 그곳은 할머니가 '날마다 쓸고 닦아 먼지 한 톨 없는 곳'이요, '손수 심은 나무들과 손수 담근 장항아리가 나란히 서 있는 곳'이며, 기억 속에서 여전히 대문을 열고 들어가는, 할머니가 돌아갈 곳 - '할머니네 집'이다.

그처럼 몸은 여기에 있지만 '정신은 저기로 나간' 할머니임에도, 화자는 할머니와의 대화를 끊지 않고 이어 간다. "할머니, 지금 달 떴는데 구경하세요!" "저게 달이야? 아이고 좋은데에!" "할머니, 달 보고 소원도 비셔!" "건강하게 해 주세요.

할머니, 이거 입어 보세요. 어제 엄마가 사 온 거예요.
빨간 걸로 사지 그랬어.
눈이 시그러워. 아이고, 세상에.
근데 내 리쿠사쿠 못 봤니?
걸은색 리쿠사쿠가 있는데 어디를 갔는지 모르겠어.
효자동에 가야 돼. 거기 다 있어.

달님, 달님. 건강하게 해 주세요." "누구를?" "나를! 그리고 너 네."… "할머니, 이거 입어 보세요. 어제 엄마가 사 온 거예요." "빨간 걸로 사지 그랬어. 눈이 시그러워. 아이고 세상에. 근데 내 리쿠사쿠 못 봤니? 효자동에 가야 돼. 거기 다 있어."… "할머니, 저 가요!" "어디를?" "서울에 가죠! 가서 공부해야죠!" "이렇게 깜깜한데 가? 호랭이가 잡아간다. 조심조심 가거라. 가다가 재미없으면 돌아오너라."…

그림책 속의 이러한 풍경들은 미국의 인류학자 자넬 테일러가 삼년 반 동안 치매 어머니를 돌본 기록 속의, 다음과 같은 진술과도 상통한다.

"… 중요한 것은 '의사소통'이라기보다는 서로 무언가를 주고받는 행위다. 엄마와 나의 대화는 공던지기 놀이 같다. 서로 툭툭 치면서 말과 웃음과 몸짓을 주고받는. 엄마는 점점 더 자주 공을 떨어뜨리지만 그 즐거운 놀이를 멈추려 하지 않는다. 그것이 우리가 함께하는 방식이다. …" 〈On Recognition, Caring, and Dementia〉 Janelle S. Taylor, 2008, MEDICAL ANTHROPOLOGY QUARTERLY, Vol. 22〉

기록의 말미에서 자넬은 이렇게 말한다.

"우리는 치매 여성의 인격을 사람과 사물과 낱말을 알아보는 인지능력의 여하에 따라 '승인'하려고 든다. 그러기보다는, 병들고 초라한 그 사람이 평생 실천해 온 '돌봄의 삶' – 무언가에 마음을 쓰고 누군가를 보살피며 살아 온 삶을 잘 이어 가고자 하는 편이 더 낫지 않을까. 우리의 삶을 가치 있게 만드는 활동으로서의 '돌봄'을 실천하고자 노력해야 하지 않을까."

누구나 알다시피 생명이 있는 것은 모두, 결국은 죽는다. 그러므로 살아간다는 것은 죽어간다는 것과 같은 뜻이며, 나이가 든다는 것은 죽음에 가까워진다는 것과 같은 뜻이다. 그런데 죽음은 대개 뚝 끊어진 길처럼 오지 않는다. 서서히 생명의 기운을 잃어 가는 과정을 거치기 마련, 그것을 우리는 '노화'라 부른다. 기력이 떨어지고 총기가 사라져 가는, 그리하여 마침내는 제 앞가림조차 할 수 없게 되는 과정…. 우리가 세상을 홀로 사는 존재들이라면, 노화는 얼마나 비참하겠는가. 하지만 다행히도 사람은 홀로 살지 않는다. 누군가 곁에서 지켜보고 돌봐 주기 마련이며, 그래야만 '인간다운 노화'다.

이 그림책은 작가인 손녀가 지켜보는 할머니의 '노화' 이야기다. 머지않아 죽음으로 마무리될, 마지막 단계의 노화…. 그러므로 이 그림책은 슬프다. 그러나 그럼에도 슬프기만 하지는 않은 까닭은, 할머니 곁을 지키는 작가의 시선이 참 따뜻하기 때문이다. 작가는 질서를 잃어버린 할머니의 삶을 있는 그대로 인정하고 바라보면서, 무의미해 보이는 할머니의 몸짓에 관심을 기울이며 끊임없이 '대화'를 주고받는다. 그처럼 따뜻한 시선이 있기에, 여기 이 집에 있으면서도 저기 그 집에 살고 있는 치매 할머니가 '하나의 인격'으로 존재할 수 있는 것이다.

그처럼 따뜻하고 조금은 유쾌하기까지 한 '치매 할머니 돌봄기'를 닫으며 한편으로 생각해 본다. 돌보는 이에게 돌보는 이의 몫이 있다면, 돌봄 받는 이에겐 또 그의 몫이 있지 않을까?

치매에도 여러 양상이 있다. 흔히들 '이쁜 치매'와 '힘든 치매'를 말하곤 한다. 이 책 속의 할머니는 '이쁜 치매'이겠다. 돌보는 이의 고통이 상대적으로 덜할 것이며, 그러므로 돌보는 마음이 비교적 흔쾌할 수 있으리라. 웃는 돌봄과 찡그린 돌봄, 어느 쪽을 받는 노년이 행복할까?

'질병, 돌봄, 노년에 대한 다른 이야기'라는 부제가 붙은 여성학자들의 '경험적 돌봄 통찰기'《새벽 세 시의 몸들에게》에서 공저자인 이지은은 오랫동안 치매 돌봄의 현장을 연구해 온 학자들의 발견을 소개하며 이렇게 말한다. "자아의 일부분을 구성하는 어떤 것들은 치매로 인해 완전히 사라지지 않고, 이전의 삶의 흔적들을 가진 몸의 사소한 행동들이 사실은 그 사람의 삶을 이어 가는 방식이다."

평생 동안 몸에 밴 태도와 습관은 인지능력을 상실한 뒤에도 여전히 남아 그 사람의 행동방식을 좌우하게 된다는 말이다. 꼭 그런 것은 아닐 테지만, 친절하고 상냥한 삶은 '이쁜 치매'로, 강퍅하고 사나운 삶은 '힘든 치매'로 이어지기 쉽다는 뜻으로 읽어도 틀리지 않으리라.

그렇다면 우리는 치매 이전 '효자동 할머니'의 삶이 어땠을지 미루어 짐작할 수 있겠다. 사넬 테일러의 엄마는 어땠을까? '엄마는 나를 알아보지 못했지만, 평소 몸에 밴 습관대로 친절히 웃으며 나를 맞이하고 배려하는 것을 잊지 않았다.'

이 나라 그림책 작가의 할머니와 저 나라 인류학자의 어머니, 두 노년의 이야기는 우리가 평소 어떻게 살아야 잘 늙어서 구박받지 않으며 행복하게 죽어가게 될지를 넌지시 일러 준다. '잘 늙어 죽을 준비', 사실 그것은 '젊어 잘 살아가기'이기도 한 것이다.

2021.12.15.

할머니네 집

3. 유년의 얼음판

그것으로 충분하지 않은가, 이 아이의 하루는

내 안의 어린이를 만났다
장수탕 선녀님

백희나
책읽는곰

그림책은 이미지와 언어를 결합하여 이야기하는 예술형식이다. 대개의 예술은 그에 걸맞은 이론과 거기에 바탕을 둔 담론들을 거느리며, 그로 하여 장르의 창작과 비평을 살찌우기 마련이다.

그러나 안타깝게도 그림책은 아직 독자적 예술형식으로서 합당한 이론을 갖추지 못하고 있다. 어린이를 대상으로 한 출판

상품으로 태어나 유통되고 있다는 존재조건과, 타 장르에 비해 현저히 작은 시장 규모 등, 말하자면 비주류 예술로서의 핸디캡 때문이 아닌가 싶다.

이러한 상황이 그림책을 둘러싼 담론들 속에 오해와 편견을 방치하게 하고 있으니, 바로 '어린이'와 '문학'의 신화이다. 그림책을 독자적 예술형식이 아니라 '어린이문학'의 하위 범주 내지는 '어린이문화'의 하나로 인식하려는 경향이 있으며, 이것은 그림책의 창작과 비평에 불편과 혼란을 불러일으키고 있다는 말이다.
예컨대, 적지 않은 작가들과 지망생들이 '그림책'을 만들면서 스스로 '문학'적 재능이 부족함을 한탄하곤 한다. 그 때문에 '그림책' 만들기가 어렵다면서. 한편으로, 표현의 욕구와 대상이 불일치하는 데서 오는 괴리를 호소하곤 한다. 자신은 어린이도 아니고, 어린이를 별로 좋아하지도 않으며, 어린이에게 걸맞은 것을 표현하고 싶지도 않은데, 스스로가 표현 형식으로 매력을 느끼는 그림책은 정작 '어린이의 것'이 아니냐면서. 비평하는 이나 연구하는 이, 또는 갖가지 이유로 그림책에 '참견'을 하는 많은 이들의 프레임 또한 별반 다르지 않다. 그러한 담론들 속에서 그림책이 지닌 예술적 가능성은 현저히 감소되어 나타나기 십상이다.

이래서는 장르의 발전을 기대하기 어렵다. 창작과 비평이 길을 잃고 헤매는 것을 막을 수 없다. 그림책에게 합당한 비평적 사유와 창작의 영감을 돌려주려면 상투적인 편견과 오해를 버리고 정확한 장르 규정을 해 들어가야 한다. 그 첫발이 '어린이'와 '문학'을 떼어 버리는 것이라 나는 생각한다. 그랬을 때 그림책은 독자적 예술형식으로서 새롭고 다양한 표현을 탐색하는 자유를 얻을 것이며, 비로소 '어린이'는 표현을 억누르는 강박이 아니라 진실한 소통의 상대방으로, '문학'은 압도하는 본질이 아니라 영감을 주는 인접 장르로 제자리를 찾게 될 것이다.

이러한 관점에서 백희나의 그림책 《장수탕 선녀님》이 매우 반갑다. 이 작가에게 '이미지와 언어로 보여주며 말하는' 그림책의 이야기하기 방식은 체화되어 있다. 앞면지의 목욕탕 욕조와 속표지의 굴뚝, 본문 첫 화면의 간판까지 주인공의 시점으로 보여 주다가 이후 작가 시점으로 화면을 쪼개고 펼치며 행동과 감정을 연쇄시키는 이미지의 전개는, 일인칭 주인공 시점의 언어와 어우러져 독자로 하여금 자연스럽게 주인공에 감정이입한 채로 이야기에 몰입하게 한다.
구사된 이미지와 언어들은 간결하면서도 적확하고 풍성한 뉘앙스를 품고 있어서, 주인공을 비롯한 등장인물들의 감정과 개성을 온전히 느끼게 한다. 무료한 듯 조용한 고집이 있어 보이는 매표구 할아버지는 말 한 마디 안 해도 개업 이래 수십 년 동안 매표구를 지켜왔음직하고, 못지않은 고집과 억척과 나름의 또렷한 교육철학을 표정에 지닌 엄마는 단 두 마디 말로 자신의 개성을 웅변한다. "덕지 너, 감기 걸려도 엄만 모른다!" "거봐. 엄마 말 안 듣더니 감기 걸렸네!" 언제부턴지도 모를 만큼 오랜 세월 냉탕의 상상세계를 지켜온 선녀님의 후덕과 천진의 내공이 담긴 형상과 언어는 또 어떤가.
그러나 이 모든 미덕보다 단연 더 반가운 것은, 한정 수식어로서 '어린이'를 떼어내고 소통하는 이 작가의 '어린이'다.

예술행위를 하나의 간절한 소통의 몸짓이라 한다면, 진실하게 소통한다는 것은 무엇인가? 상대방을 주체로 인정하고 존중하는 것이요, 그것은 동시에 나를 감추지 않는 것이 아닐까? 그래서 모든 진실한 이야기는 바로 나 자신의 이야기인 것이다. 어른인 작가가 작품 뒤에 숨어 어린이를 내려다보며 가르치려 하거나 엿보며 구경하는 행태들을 우리는 얼마나 많이 목격하는가. 그럴 때 독자는 왠지 모를 불편함을 느끼게 마련이며, 그 불편함의 실체는 바로 주체이어야 할 내가 대상화되었다는 모멸감일 것이다.

나는 《장수탕 선녀님》이 작가 자신의 이야기이며, 그 속의 어린이가 곧 작가임을 분명히 느낀다. 굳이 근거를 든다면 내 안의 아이가 느끼는 강한 공감일 텐데, 이를테면 엄마와 선녀님과 요구르트를 먹는 여자처럼 아이에게 중요한 것들을 빼고는 모두 포커스아웃된 목욕탕 안의 배경들이나 주인공 덕지가 홀로 또는 선녀님과 함께 하는 목욕탕 놀이의 세부묘사에서 내 어린 시절 목욕탕의 이미지와 경험들을 고스란히 떠올렸다는 것이며, 뜨거운 덕지의 이마를 짚어 준 선녀님의 손길 장면에서 열병을 앓던 어린 나의 이마를 짚어 주던 내 할머니의 서늘한 손길을 실감나게 느꼈다는 것이다. 그래서 마지막 장면을 넘기며, 앓고 난 뒤 마음이 한 뼘 더 자란 표정으로 기지개를 켜는 덕지처럼 개운하고 아련한 뒷맛에 입을 다셨다는 것이다.

그것이 바로 강박을 벗어난 소통의지가 만들어 내는 그림책의 리얼리티가 아닐까.

2012.10.31.

넘어져 그 시간들을 기억해 낼 수 있다면
선

이수지
비룡소

곡절 끝에 수능이 끝났다. 지난 두어 주 난리라도 치른 듯하다. 올해엔 실제 난리가 났으니 더 그럴 만하나, 아이들의 열두 해가 오직 대입만을 위한 것이었다는 양 해마다 소란스레 몰아가고 놀려가는 분위기는 씁쓸하기만 하다. 소란의 끄트머리에 그림책 한 권 집어 든다.

스케이트를 신은 소녀가 빙판에 유려한 곡선을 그리고 있는 표지를 넘기면, 면지 위에 종이 한 장 펼쳐져 있고, 곱게 깎은 연필과 지우개 놓여 있다. 다음 장에 소녀가 다시 등장하자 흰 종이는 번듯한 아이스링크가 된다. 사뿐히 지쳐 나아가니, 궤적은 선이 되어 그림을 남긴다. 빙판을 달리는 소녀, 백지를 달리는 선. 오랫동안 기량을 닦은 듯 소녀가 그리는 그림은 날렵하고 매끄럽다.

빙글빙글 돌아가던 나선이 높고 낮은 음자리표로 변하더니, 지그재그로 리듬을 자아내다가 돌연 곧게 나아간다. 팽그르르 제자리를 돌다가, 어느새 동심원을 빠져나와 숨을 고르며 힘을 모은다. 이윽고 때가 되었다는 듯 뛰어오르는 소녀, 솟구쳐 오르는 선! 공중에서 네 바퀴 반을 돌고 빙판 위로 내려 앉는데, 아뿔싸! 중심을 잃어 엉덩방아를 찧고 만다. 그림 한 장 멋지게 그려 내고 싶었던 열망이 깨진 탓일까. 소녀는 그리던 그림을 마구 구겨 버렸다. 구겨진 열망의 언저리에 흩어진 지우개가루와 닳은 연필이 쓸쓸하다. 거기까지인가?

'아니! 이대로 끝낼 수는 없지!' 책장을 넘기니 구겨 뭉쳤던 그림이 다시 펴져 있다. 소녀가 구김자국 남아 있는 빙판을 돌아보는데, 소년 하나 엉덩방아를 찧으며 미끄러져 들어온다. 아니, 하나가 아니다. 둘, 셋, 넷, 다섯… 소년과 소녀들이 넘어지서도 웃고 있다. 순간, 시간이 훌쩍 거슬러 올라간다.

유년 시절의 노천 얼음판, 거기 작은 소녀와 소년들이 재잘대며 놀고 있다. 잘 타건 못 타건 그저 얼음을 지치는 것이 즐거웠던 아이들. 투박한 빙판 위에서 아이들은 얼마나 많이 넘어졌던가. 그러나 얼마나 많이 엉덩이를 털며 다시 일어났던가. 일어나 친구를 일으켜 세워 주고 어린 아우 손잡아 끌어 주며, 얼마나 신나게 깔깔댔던가. 친구의 허리를 붙잡고 다 함께 달려가던 기차놀이는 또 얼마나 즐거웠던가. '그래, 그 시간들이 나를 이만큼 자라게 했지.' 그랬으니 소녀는 링크에 올라 제 나름의 그림을 그려 볼 수 있었을 게다. 결정적 순간에 엉덩방아를 찧었지만, 넘어짐으로써 그 시간들을 기억해 냈다면 실수는 실패가 아니다.

비로소 마지막 장을 넘긴다. 뒷면지 위에 여러 장 그림이 포

개져 있다. 어느새 연필은 짧아져 있고 지우개도 반쯤 닳았는데, 맨 윗장에 그려진 숲속의 얼음판이 소담하다. 소녀가 다시 일어나 그려 낸 것일까? 곧 성년이 될 소녀는 그 순수의 얼음판을, 예전처럼 그저 깔깔거리며 친구들과 더불어 달리고 싶은 걸까? 그리 되길 바라며 책장을 덮는다.

다시 스산한 현실, 내 아이를 비롯한 많은 아이들이 빙판에 넘어져 의기소침해 있다. 그리던 그림을 구겨 내던진 아이들도 있을 터. 하지만 넘어진 김에 잠시 누워 숨을 고르고, 구겨 버린 그림을 다시 펼쳐 찬찬히 들여다보길 권한다. 하여, 링크 위의 경연은 삶의 일부일 뿐이며 인생에는 고난도 점프보다 더 가치 있는 것들이 많다는 진실을 발견해 준다면 고맙기 그지없겠다.

어른으로서 아이들 사는 세상 조금도 낫게 해 주지 못한 주제에, 넘어진 아이들에게 꼰대스런 당부만 늘어놓고 맺으려니 미안하다. 하물며, 넘어져 볼 기회조차 빼앗긴 세월호와 구의역과 제주 어느 공장의 아이들에게야 면목 없는 심정 어찌 말로 다하랴.

2017.12.7.

*2017년 대입수학능력시험은 지진으로 일주일 연기된 바 있습니다.

프랜차이즈와 젠트리피케이션, 그리고 아이들
소중한 하루

윤태규
그림책공작소

유난히 만두를 좋아하는지라, 동네에서 입에 맞는 만둣집을 만나면 그렇게 반가울 수가 없다. 안면을 트고 그릇깨나 비워 가며 단골로 삼았는데, 어느 날 갑자기 이사를 가 버리면 또 그렇게 서운할 수가 없다. 연전에도 그런 일이 있어, 주말마다 부러 짬을 내 먼 길을 마다 않고 찾아가기도 했다. 내 입맛을 맞춰 주는 식당이 가까이 있다는 건 그만큼 행복한 일이다.

주인의 인심이 넉넉하면 금상첨화. 아이들이라고 다를 까닭이 있을까? 이 그림책은 그런 아이들의 이야기를 전한다.

우리 마을 만나떡볶이 집이 이사를 갔다. 멀고먼 꿀단지마을로. 하늘이 무너지는 것만 같았다. 친구들은 슬퍼만 한다. 하지만 우리는 포기하지 않는다. 나 똘이와, 쟤 옥이는, 만나떡볶이를 찾아 떠나기로 한다.

길은 멀고 험하다. 마을지도와 몇 가지 장비로 무장하고 우리는 원정 모험에 나선다. 만만찮은 장애물들이 가로막지만 기꺼이 헤쳐 나간다. 참을성과 준비운동과 튼튼한 심장이 돌파의 동력이다. 실제로는 약수터 옆 우거진 수풀과 엄마들이 출몰하는 동네 수영장과 그리 길지 않은 도보터널인, '무시무시 숲'과 '마녀탕'과 '악마의 입'을 지나, 용감한 우리는 마침내 꿀단지마을에 다다른다.

고생 끝에 마주한 그 집, 어묵꼬치와 튀김과 꼬마김밥이 즐비하고 빨간 떡볶이가 그들먹하니 그 자체로 반짝반짝 빛나는 황홀경이다. 떡볶이 아줌마도 기다리던 귀인을 맞은 듯 두 눈이 휘둥그레진다. "아, 아… 아줌마, 늘 먹던 대로 주세요!" 귀인의 외침에 잰 손으로 담아 낸 떡볶이 한 접시에 기다란 쌀떡과 네모진 어묵과 반으로 자른 삶은 달걀, 새로 썰어 넣은 듯 파릇한 대파 조각이 푸짐하다. "맛있게 먹어." "잘 먹겠습니다!" 아이들은 입가에 벌겋게 양념 칠을 한 채 두 눈을 꼭 감고 우주처럼 펼쳐진 무아의 지경을 헤맨다. "정말…" "환상적이야!"

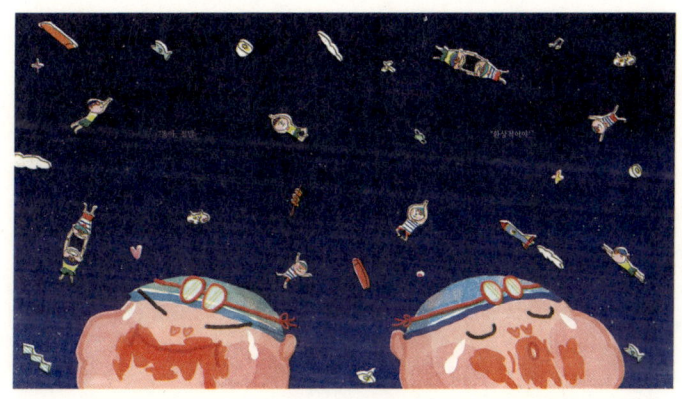

음식은 내 몸 속으로 들어와 나를 구성하는 바깥세계다. 그러니 음식을 가려내는 우리의 입맛은 보수적일 만하다. 입맛에 작용하는 것은 단지 미각만이 아니다. 음식을 받아들일 때 우리 몸은 시각과 후각에 청각과 촉각까지 동원하여 먹을 만한가 아닌가를 감별한다. 거기에 또 하나 중요한 감각이 더해지니, 만든 이의 마음을 느끼는 '육감'이다. 육감적으로 똘이와 옥이에게 만나떡볶이는 필시 떡볶이 이상의 무엇이었을 것이다. 그러니 그 먼 길을 마다지 않고 찾아갔을 테지.

그런데 문득 궁금해진다. 만나떡볶이는 왜 우리 마을을 떠나간 걸까? 그림책은 이유를 알려 주지 않는다. 다만 아주머니가 눈물을 떨구며 떠난 걸 보면 대강 짐작이 간다. 책 밖 세상에 비춰봤을 때 아마도 근처에 대형 프랜차이즈 점포가 들어섰거나, 장사가 될 만하니 건물주가 임대료를 대폭 올려 달랬지 싶다. 어찌 되었든 정성과 인심으로 단골들과 정을 쌓은 아주머니에게나, 값싸고도 입에 딱 맞는 간식으로 학교생활의 시름을 잊던 아이들에게나 딱하고 서글픈 일이다.

균일한 식재료와 조리법으로 원치 않는 입맛의 통일을 종용하는 대형 프랜차이즈와, 열심히 장사해 가게의 값어치를 올려놓으니 임차인을 쫓아내는 임대 갑질 내지는 젠트리피케이션이 야박스럽고 못마땅한 건 나 혼자만이 아닐 게다. 졸지에 빼앗긴 입맛을 찾아 모험에 나선 아이들의 '떡볶이 원정기'를 읽으며 떠올린 생각이 그렇다.

2018.03.30.

소중한 하루

그렇게 사람의 대가 이어져 간다
나의 아버지

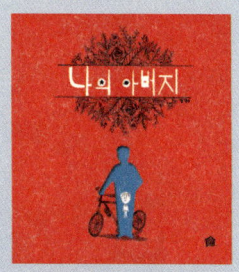

강경수
그림책공작소

자식을 키우기란 참 어려운 일이다. 먹이고 입히고 재우는 게 벅차서라기보다, 제대로 잘 사는 사람으로 키우기가 힘든 까닭이다. 제대로 잘 살기는 나도 어렵잖은가. 그래서 늘 갈등하고 고민한다. 어디까지 간섭하고 어디부터 내버려둬야 하는지, 무엇을 가르치고 무엇을 스스로 터득하게 해야 하는지, 언제까지 돌봐주고 언제부터 제힘으로 서게 해야 하는지….

속을 알 리 없는 자식은 부모 속을 썩이고, 속상한 부모는 애먼 소리를 한다. "너하고 똑같은 자식 낳아서 키워 봐라." 그러나 헛된 말이다. 미래는 실감할 수 없는 것이니. 민망한 말이기도 하다. 과거엔 나도 야속한 자식이었으니. 깨닫자 뉘우침이 밀려온다. 진즉 잘할 것을…. 그러나 이미 늦었다. 내 부모는 나로 하여 늙어 버렸거나, 더는 세상에 안 계시기 일쑤다.
끝없이 되풀이되는 쓸쓸한 인간사. 그러나 인간사 쓸쓸키만 하면 어찌 살 수 있으랴. 훈훈한 인간사도 되풀이되니, 이 그림책이 보여 주는 이야기가 그렇다.

이야기의 화자는 조그만 사내아이. "소개할 사람이 있어. 바로 우리 아빠야!" 아이의 얼굴에 자랑이 가득하다. "이제부터 나는 아빠한테 많은 걸 배우게 될 거야. 우리 아빠는 못하는 게 하나도 없거든." 그렇다. 아빠는 자전거 타기도, 물수제비 뜨기도, 연날리기도, 헤엄치기도, 잘하므로 나에게 가르쳐 준다. 서툰 나를 격려해 주고 언제나 뒤에서 지켜봐 준다. 덕분에 나는 조금씩 익숙해지고, 이윽고 많은 것을 잘하게 된다. 이제 나는 두 손 놓고 자전거를 탈 수 있고, 물수제비를 여섯 번이나 뜰 수 있으며, 연 세 개를 한꺼번에 날릴 수도, 어려운 나비헤엄을 칠 수도 있다. 그렇게 되자 나는 아빠를 잊는다. 그러다 자만하여 실수를 한다. 넘어져 무릎이 깨지고, 잘못

던져 튕긴 돌에 이마를 맞고, 연줄을 끊어 먹고, 다리에 쥐가 난다. 그제야 나는 아빠를 생각한다. 아빠를 찾아 뒤돌아본다.

그러나 내가 그렇게 크고 작은 성취와 실패를 겪는 동안 세월은 흘러, 아빠는 이제 낙엽처럼 쌓인 시간의 저편 빈 벤치에 늙고 허름한 아버지가 되어 덩그마니 앉아 있다.
그가 작아진 목소리로 내게 말한다. "이제는 나보다 네가 뭐든지 잘하는구나."… 나는 그 말이 서운하여 눈물이 나올 것 같다. "아니에요, 아버지…. 전 아직도 모자란 걸요." "고맙지만 그 말은 사양하마. 이제는 자전거 타는 솜씨가 이 애비보다 훨씬 낫구나. 네 옆의 꼬마도 그렇게 생각할걸?"
옆을 보니 한 꼬마가 나를 올려다본다. "아빠, 나도 아빠처럼 자전거 잘 탈 수 있어요?" 그제야 나는 깨닫는다. 눈물을 맺은 채 꼬마에게 말한다. "그럼! 아빠는 못하는 게 없어. 자전거도 물수제비도 연날리기도 수영도 모두 다 할 수 있단다." 그런 나를 꼬마가 세상에 소개한다. "우리 아빠는…. 정말 대단한 분이야." 꼬마의 얼굴에 자랑이 가득하다.

늙은 아버지와 어린 아들 사이에서, 내가 깨달은 건 무엇이었을까. 짐작컨대 이런 것, '아버지도 넘어지는 실수를 하고, 무릎 깨지는 실패도 하였겠구나. 든든한 아빠를 찾아 돌아보았

다가 허름한 아버지를 발견했겠구나. 그렇게 비빌 언덕을 잃었으나, 스스로 언덕이 되었겠구나. 왜? 어린 내가 올려다보고 있었으니까…' 어느 지난날 아버지도 그리 깨달았으리라. 어떤 훗날에 꼬마도 그리 눈물을 맺으리라.
인간사는 끝없이 되풀이된다. 뒤늦은 후회도, 때맞춘 깨달음도. 그렇게 사람이 살아진다. 인간의 대가 이어진다.

2018.3.9.

대통령이 그림책을 읽어 준다면
고구마구마

사이다
킨더랜드

이 책의 표지에는 고구마 그림과 함께, '고구마구마'라는 제목과 '사이다'라는 지은이의 이름이 쓰여 있다. 고구마와 사이다? 퍽 어울리는 조합이라 생각하며 책장을 열어 본다.

화면 가득한 고구마 밭, 캘 때가 되어 보이는 고구마 줄기에 이어 고구마를 쑥 뽑아 올리는 손. 그리고 말과 그림의 잔치가 벌어진다. 구수한 종결어미 '-구마.'로 맺는 말들이 고구마의 갖은 형상을 제시하고, 익살스러운 그림들이 그러한 고구마들을 푸짐하게 보여 준다. "둥글구마." "길쭉하구마." "크구마." "작구마." "굽었구마." "배 불룩하구마." "털났구마." "험상궂구마." "참 다르게 생겼구마."…

이어지는 조리법. 푹푹 쪄 내니 말캉말캉 찐 고구마. 불에 구워 내니 구수한 군고구마. 기름에 튀기니 고소하고 바삭한 튀긴 고구마…. 맛과 형태는 조금씩 달라도, 똑같은 한 가지는 모두모두 속이 노랗게 빛난다는 것.

이제 먹을 차례다. "고구마 잔치 열렸구마!" "그럼 맛있게 먹자꾸마!" "목메구마!" "탄 것도 맛나구마!" "배가 빵빵하구마." 빵빵하게 먹었으니 배 속에 가스도 빵빵. 마침내 "빵! 뀌었구마!" "독하구마!" "쓰러지는구마." 쓰러진 녀석들은 정신을 못 차리는데, 뀐 녀석은 태연히 콧구멍을 후비며 말한다. "미안하구마. 덕분에 속은 편안하구마!"

책 속엔 여전히 방귀냄새 풀풀 날리니, 장면마다 등장해 "신나구마." "불타는구마!" "아팠겠구마." 하고 추임새를 넣어 오던 가장 작은 꼬마 고구마가 "못 참겠구마." 투덜대며 그릇에 담긴 물 속으로 잠겨 들어 숨는다. "이제 끝났구마." 과연 그럴까?

한 장을 더 넘기니 물에 잠겼던 녀석의 머리꼭대기에 쏙! 싹이 나 있다. "싹났구마!" 그 싹을 키워 봄에 심으면 뜨거운 여름 지난 뒤 선선할 무렵, 다시 고구마 잔치 벌어지리라.

가지런히 고른 게 아니라, 제각기 둥글고 길쭉하고 크고 작고 굽었고 배 불룩하고 험상궂은 고구마들. 티격태격하면서도 신나는 잔치를 함께 벌이는 고구마들이 딱 우리 아이들 같다. 아니, 때로 너니 나니 탓을 하며 쌈질을 하다가도 의와 정을 나누며 함께 살아갈 줄 아는 딱 우리네 장삼이사들이다. 아무렴 어떠랴, 어쨌든 모두모두 속은 반짝반짝 빛날 것이니.
모처럼 '다양한 주체들이 시끌시끌하게 저마다의 개성을 뽐내면서도 나누고 베풀며 어우러지는 세상이 좋은 세상'이라는 상식을 국정의 기조로 삼는 정부가 들어섰다. 그 상식이 지켜지려면 책 읽는 문화가 상식을 받쳐 주는 든든한 한 기둥이 되어야 하리라. 그래서 출판계와 독서문화계가 '책 읽는 대통령을 보고 싶다.'라는 구호를 내걸고 '책 읽는 대한민국'을 만들자는 운동을 벌이고 있다.

나아가 책 '읽어 주는' 대통령은 어떤가. 어느 나라에서 그랬던 것처럼 우리도 대통령이 한 달에 한 번쯤 청와대를 견학하는 아이들 앞에 나와 그림책 읽어 주는 풍경을 볼 수 있다면….

그 '소박한 바람'이 이루어지면, 도서목록에 이 그림책이 꼭 포함되기를 바란다. 한때 '고구마'라 불리기도 했으나 취임 후 종종 시원한 '사이다'를 선물하는 대통령이기 때문만은 아니다. 누군가 이 그림책을 경상도 말로 읽어 주었을 때 참 맛나게 들은 기억이 있어서다.

2017.8.24.

그것으로 충분하지 않은가
구덩이

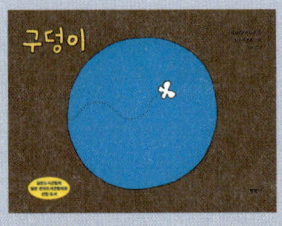

다니카와 슌타로 글, 와다 마키코 그림, 김숙 옮김
북뱅크

단순하고 간결한 텍스트는 여백이 많은 숲속, 한적한 산책길과도 같다. 독자는 천천히 걷다 멈춰서다, 사유하며 그 길을 거닌다. 이 텍스트가 그러하다. 《구덩이》, 이 간결한 그림책이 전하는 것은 그저 한 아이가 구덩이를 팠다가 다시 메우는 단순한 이야기다. 한 장면 한 장면, 이야기를 따라가며 생각에 잠겨 본다.

#1. 일요일 아침, 아이는 아무 할 일이 없어서 구덩이를 파기로 한다. : '그래. 할 일이 없으면 뭐라도 하게 되지. 그런데 어른들은 왜 자꾸만 뭔가를 하라고 하는 걸까?'

#2. 엄마가 와서 묻는다. "뭐 해?" 아이는 "구덩이 파." 그러고 나서 계속 구덩이를 판다. : '엄마는 보고도 몰라서 물은 걸까, 무얼 확인하고 싶어서 물은 걸까? 염려 마시라. 아이는 제가 무얼 하고 있는지 잘 알고 있다.'

#3. 동생이 와서 말한다. "나도 파고 싶은데." 아이가 대답한다. "안 돼." : '맞다. 혼자서만 하고 싶고, 해야 하는 일도 있다. 굳이 그것까지 누군가와 함께 할 필요는 없다.'

#4. 친구도 와서 묻는다. "뭐 할 거야? 이 구덩이." "글쎄." 아이는 계속 구덩이를 판다. : '꼭 목적이 있어서 무얼 하는 건 아니다. 때론 '그냥' 하는 일도 있고 그럴 때 '나'는 순전해진다.'

#5. 아빠도 와서 말한다. "서둘지 마라. 서둘면 안 된다." 아이는 대답 대신 "흠." 그러고 나서 계속 구덩이를 판다. : '스스로 무얼 하는 사람은 누가 어쩌라 해서 그러거나 않거나 하지 않는 법이다.'

#6. 아이의 손에 물집이 잡힌다. 귀 뒤에 땀이 흐른다. 아이는 생각한다. '더 파야 해. 더 깊게.' : '몰입한 뒤에야 자신을 만나는 거구나. 자신을 느끼고, 넘어서고 싶어지는 것이로구나.'

#7. 그때, 구덩이 아래에서 애벌레가 기어 나온다. "안녕." 아

이가 말하자 애벌레는 잠자코 흙 속으로 되돌아가고, 아이는 갑자기 어깨에서 힘이 빠진다. 그제야 아이는 파는 일을 그만두고 쪼그려 앉는다. : '왜 멈춘 걸까? … 분명한 것은 물집이 잡히고 땀이 흐르도록 힘들여 파 들어간 깊은 곳에서 무심한 애벌레를 만났다는 것, 처음으로 먼저 말을 걸었으나 애벌레는 잠자코 제자리로 돌아갔다는 것.'

#8~#12. 이제 조용한 구덩이 안에서 아이는 흙냄새를 맡고 삽 자국을 만져 본다. 그리고 생각한다. '이건 내 구덩이야.' 다시 엄마와 동생과 친구와 아빠가 차례로 와서 예의 참견을 하지만 아이는 조금도 흔들리지 않는다. : '자신이 무엇을 하고 있는지 잘 알고, 그것은 혼자 하는 일이요, 어떤 목적을 위한 수단도 누구의 평가 대상도 아닌 오롯한 그 자체임 또한 잘 알고 있는 이 아이를 통해 작가는 무슨 뜻을 전하고 싶었던 것일까?'

#13~#16. 아이는 위를 본다. 구덩이 안에서 올려다본 하늘은 어느 때보다 훨씬 파랗고 높아 보인다. 그 하늘을 나비 하나 가로질러 날아간다. 아이는 일어나 구덩이에서 올라온다. 그리고 구덩이를 들여다본다, 깊고 어두운 구덩이. '이건 내 구덩이야.' 아이는 한 번 더 그렇게 생각하고 구덩이를 메운다. 아이가 떠난 자리, 어느덧 하루가 가서 하늘은 어둑한데 땅은 아무 일 없었다는 듯 평탄해져 있다. : '어찌 아무 일 없었으랴. 아이는 참견을 물리치고 물집이 잡히고 땀을 흘렸으며 애벌레를 만

났다. 흙냄새를 맡고 삽 자국을 만지고 파랗고 높은 하늘을 보고 하늘을 가로지르는 나비를 보았다. 그리고 거듭 생각했다. 이건 내 구덩이야. 그것으로 충분하지 않은가, 이 아이의 하루는.'

히로는 위를 올려다보았다.
구덩이 안에서 올려다본 하늘은, 여느 때보다 훨씬 파랗고 훨씬 높아 보였다.
그 하늘을 나비 한 마리가 말랑말랑 가로질러 날아갔다.

구덩이

생각하며 거닐던 숲을 나오자, 문득 세례처럼 느낌이 몰려온다. 어떤 간절함, '아무 할 일 없어 구덩이를 파 본 적이 언제였던가. 나도 그 속에 앉아 하늘을 올려다보고 싶은데…' 그러나 위로 받은 느낌, '그래. 때로는 삶이 그저 구덩이를 파고 메우는 것만 같아서 아무런 의미도 없는 것만 같지? 하지만 그걸로 충분하단다.' 숲속 공기 같은 여백의 세례다.

2018.2.2.

'이건 내 구덩이야.' 히로는 한 번 더 이렇게 생각했다.
그러고 나서 천천히 구덩이를 메우기 시작했다.

모자라다고, 과하다고 내치지 말라
답답이와 도깨비

하수정
이야기꽃

동네마다 이런 아이 하나쯤은 꼭 있다. 제법 컸는데도 도무지 제 앞가림을 못하는 아이, 양말짝도 못 맞춰서 짝짝이로 신는 아이, 뭘 감추고 뭘 드러내야 하는지도 모른 채 뭐든지 곧이 곧대로 다 말해 버리는 아이….
이 이야기의 주인공이 그렇다. 그래서 이름이 '답답이'다. 속 터진 부모가 등을 떠민다. "니 밖에 나가서 세상 공부 좀 하고 온나." 봇짐 하나 달랑 메고 집 떠난 답답이는 과연 야무지고 똑 부러진 아이가 되어 돌아올 수 있을까?

발 닿는 대로 가던 답답이, 푸른 버드나무 아래서 도깨비랑 딱 마주친다. "효효효! 심심하던 참에 잘 만났다. 너 나랑 1년만 살자." "그래 마, 갈 데도 없는데 잘 됐다. 그러자!" 다짜고짜 같이 살자는 도깨비나, 대뜸 그러자는 답답이나…. 어쨌든 도깨비가 답답이에게 묻는다. "근데 넌 좋아하는 게 뭐니?" "내는 밥 먹는 거 좋아한다." "그래? 그럼 한번 만들어 볼래?" 좋아하는 걸 하라니, 답답이도 걱실걱실 일만 잘 한다. 모 심고 피 뽑고 새 쫓고 벼 베어 밥 지어 먹다 보니 1년이 후딱 간다. "열심히 했으니 선물을 줘야지. 이 보자기를 펴고 양팔을 벌린 다음 빙글뱅글 빙글뱅글 오른쪽으로 돌다가 손뼉을 짝!

치면 배부를 일이 생기지!"

그 보자기 잘 가지고 집으로 갔으면 이야기는 거기서 끝났겠지. 하지만 그럴 리 있나. 날 저물어 묵게 된 주막집에서 "이 보자기를 펴고, 어쩌구저쩌구…. 귀한 거니까 잘 맡아 주이소~." 곧이곧대로 다 말해 버렸으니, 다음 날 아침 비스무리한 가짜를 돌려받아 집으로 갔을 수밖에. "니 그만~침 세상 공부를 해도 아직 물정을 모르겠드나?" "나가서 세상 공부 좀 더 하고 온나."

다시 등 떠밀린 답답이, 다시 도깨비를 만나 1년을 살고, 이번엔 부자 만들어 주는 당나귀를 얻어 돌아가지만 역시나 주막집 주인에게 가로채인다. "니 그만~침 세상공부를 해도 아직도 물정을 모르겠드나?" "나가서 세상 공부 쫌! 더 하고 온나."

이야기 세상에 삼세판이 없다면 얼마나 지루할까. 어리숙한 짓도 약삭빠른 짓도 삼세판은 해야 끝장을 보는 법. 답답이는 세 번째 도깨비를 만나 세 번째 1년을 살고 세 번째 선물로 속 시원해지는 방망이를 얻고, 주막집 주인도 세 번째 답답이의 보물을 가로채려 한다. "머라 카드라? 방망이를 세워 놓고 메롱하면서… 손뼉을 짝짝짝! 때려라! 이래라 캤나?" 속이 시원해질 순간이다. "뭐꼬? 와 암것도 안 나오노?" 잠깐 뜸을 들여야 더 시원하겠지. 퍽! 퍽! 퍽! 퍽! "아이고마! 내 죽소! 보자기도 주고 당나귀도 주고 다 주꾸마, 제발 내 좀 살리도~!"

그렇게 쌀 나오는 보자기와 금똥 누는 당나귀를 되찾아 집으로 간 답답이, 부모님과 오래오래 잘 먹고 잘 살았을까? 아니다! 번듯한 청년으로 성장한 답답이는 이렇게 말한다. "내는 다 컸으니까 나가서 잘 살아 볼랍니다. 아부지 어무이도 잘 사이소~." 보자기랑 당나귈랑은 부모님께 드리고 방망이 하나 들고 출가한 답답이는 어디로 갔을까?

"마! 니 내랑 또 살자!" "좋아! 또 살아 보자!" 답답이와 도깨비는 둘이 처음 만났던 그곳, 푸른 버드나무 그늘 속에서 알콩달콩 재미나게 잘 살았단다.

그런데, 문득 궁금해진다. 단발머리에 빨간 스니커즈, 기다란 손톱에 파란 매니큐어를 칠하고 빙글뱅글 춤을 추는 소녀 도깨비, 처음 보는 답답이에게 대뜸 같이 살자며, 답답이가 좋아하는 일을 찾아 하게 해 준 그 도깨비의 정체는 무엇이었을까?

내쳐진 채 오래된 존재들이 도깨비가 된다고 한다. 그렇다면 도깨비는 모자라다고 내쳐진 답답한 소년처럼, 과하다고 내쳐진 발칙한 소녀가 아니었을까? 그러고 보니, "봐라~ 일로 온나. 여 앉아 봐라. 내 옛날얘기 하나 해 주께." 하며 이야기를 시작하는 앞면지 속에서 동동 떠 있던 빨간 운동화가, 이야기를 마친 뒤표지에서는 짚신과 함께 편안히 지상에 안착해 있다.

2021.9.6.

우산의 본질
아저씨 우산

사노 요코, 김난주 옮김
비룡소

한 아저씨가 있다. 까만 중산모를 쓰고 까만 코트를 입고 까만 구두를 신은. 무엇보다, 까맣게 빛나는 멋진 우산을 지닌 아저씨. 아저씨는 늘 우산을 들고 집을 나선다. 그런데 결코 그 우산을 쓰는 일은 없다. 우산이 젖을까 봐서다.
비가 조금 내리면 그냥 맞고 걷는다. 빗발이 굵어지면 처마 밑에 들어가 그치기를 기다린다. 서둘러야 할 때는 우산을 끌어안고 뛴다. 비가 그치지 않으면, "잠깐 실례 좀…" 남의 우산 속으로 들어간다. 아침부터 비가 오면 아무 데도 가지 않는다. 창밖으로 누군가의 우산이 바람에 훌렁 뒤집어지는 꼴을 내다보며, "아아 다행이다. 하마터면 내 소중한 우산이 망가질 뻔했어." 하고 마음을 놓는다. … 집착이다.

그러던 어느 날, 아저씨가 공원 나무 아래 벤치에 앉아 있을 때, 비가 내리기 시작한다. 작은 아이가 비를 피해 나무 아래로 뛰어든다. 아이는 아저씨의 우산을 보고 도움을 청한다. "아저씨, 저기 가실 거면 저 좀 씌워 주세요." 하지만 아저씨는 못 들은 척 다른 곳을 쳐다본다. … 집착이 인정을 저버린다. 그때 다른 아이가 다가와 말한다. "어머, 너 우산 없니? 같이 가자." 두 아이는 사이좋게 우산을 쓰고 노래를 부르며 빗속을 걸어간다. "비가 내리면 또롱 또롱 또로롱. 비가 내리면 참방 참방 참-방." 아저씨는 왠지 귀가 솔깃하다. 아이들이 멀어졌는데도 노랫소리가 귓가에 맴돈다. 아저씨도 덩달아 소리내어 본다. "비가 내리면 또롱 또롱 또로롱. 비가 내리면 참방 참방 참-방." 그러고는 벤치에서 일어난다. "정말 그럴까?" 마침내 우산을 펼친다. 활짝! 아저씨의 가슴속에 숨어 있던 동심이 작은 아이들의 동심을 만나 우산으로 피어났다. … 동심이 몹쓸 집착을 물리쳤다.

우산에 빗방울이 떨어지니, 과연 또롱 또롱 또로롱 소리가 난다. "정말이네. 비가 내리니까, 또롱 또롱 또로롱이네." 아저씨는 쑥쑥 앞으로 걸어간다. 발밑에서 참방 참방 참-방 소리가 난다. "정말이네. 비가 내리니까, 참방 참방 참-방이네." 아저씨는 신이 나서 집으로 돌아와 우산을 접으며 말한다. "비에 푹 젖은 우산도 그런대로 괜찮군. 무엇보다 우산다워서 말이야." 우산은 멋들어지게 비에 젖어 있고, 아저씨는 아주 만족스럽다. 집착을 버리니 비로소 본질이 보인다. 그동안 몰랐던 세계가 열린다.

그렇다. 우산의 본질은 비를 가리는 것이다. 그래서 비에 젖는 것이며, 그게 우산다운 것이다. 그런데 무엇이 아저씨로 하여금 본질을 잊고 본질 아닌 것에 집착하게 했던 것일까? 아저씨의 우산은 첫사랑이 준 선물이었을까? 명품? 혹은 (일본 그림책이니) 일왕의 하사품? …

그것이 무엇이었든 집착이 본질을 망각케 하니, 아저씨는 오랫동안 우산을 우산 아니게 만들었다. 제 우산이 아무리 멋지고 특별해도 우산은 우산인데, 비를 가리는 본질에서 벗어날 수 없고, 그러므로 비에 젖는 운명을 거부할 수도 없는데.

어떤 집착이 '역사'라는 커다란 우산을 우산 아닌 것으로 만들려 하고 있다. 인정을 저버리고 작은 아이들을 빗속으로 내몰려 한다. '국론통일'이건 '명예회복'이건, 제가 내세우는 역사의 의미가 아무리 멋지고 특별해도 그건 역사의 본질이 아니다. 〈유엔 세계 인권선언〉을 기초한 정치가이자 역사학자 에드워드 카는 말한다. "역사란 현재와 과거의 끊임없는 대화다." 그것이 역사의 본질이다. 누가 됐든, 본질 아닌 것에 집착하여 역사를 독점하면 대화가 끊긴다.

다행히도 아저씨는 동심을 만나 집착에서 벗어났다. 우산은 본질을 되찾고, 아저씨는 즐거움을 얻었다. 어떤 '아저씨'들도 집착을 버리고, 본질이 선물하는 즐거움을 누리시라. 그러기 위해, 동심을 만나시라. 간절히 권한다. 정신 차리고 그림책이라도 좀 보시라.

2015.10.16.

말이 말 같지 않아 보이니
달려, 토토!

조은영
보림

몇 달째 온 나라가 시끄럽다. 이상한 대통령과 둘레의 속물들이 나라꼴을 후줄근하게 만들어 놓은 까닭이다. 드러난 폐해가 다채로워서 정치, 경제, 사회, 문화 전반에 걸치지 않은 데가 없다. 분노와 실소를 자아내는 이야깃거리도 각양각색인데, 그 가운데 '말 이야기'도 있다. 세상일이란 입장과 관점에 따라 다르게 보이는 것이니, 흙수저 부모들의 처지에서는 어쩌면 그것이 사태의 핵심일 수도 있겠다. 그래서 말 이야기 하나 보탠다.

이 그림책은 한 아이의 '경마장 관람기'다. 말을 좋아해서 말 인형을 끼고 사는 여자아이가 할아버지를 따라 난생처음 경마장에 간다. 아이는 설레는 마음으로 말을 보러 갔는데, 정작 그곳에서 말은 풍경의 일부일 뿐 보이는 건 한탕주의 욕망과 욕망에 찌든 군상들이다. 어쨌든 경주는 시작되고, 아이는 9번 말에 제 인형의 이름을 붙여 응원한다. "달려, 토토!" 찌든 눈보다 맑은 눈이 밝은 법. 토토가 우승을 차지하고, 아이는 그저 토토가 잘 달린 게 기쁠 뿐인데 어른들은 전혀 그렇지 않다. 아이는 담담히 "사람들은 화를 내거나 슬퍼했다."라 표현하고 있지만, 어른들은 필경 예상지를 찢고, 마권을 구겨 팽개치고, 욕설을 내뱉으며 줄담배를 피워 댔으리라. 할아버지는? "한참을 앉아 있다가, 집에 가자고 했다." 손녀가 곁에 있으니 속으로 분을 삭였을 테지. 그러나 아이들도 알 건 다 안다. "할아버지, 돈 많이 못 땄어?"
이어지는 이 책의 끝 문장은 다음과 같다. "다음 주에도 또 그 다음 주에도 나는 할아버지와 함께 경마장에 갔다. 그런데 점점 지겨워졌다. 그리고 나는 토토를 다시 볼 수 없었다. 사실 토토를 다시 본다 한들 알아볼 수 없을 것 같았다. 왜

냐하면 언제부턴가 말들이 다 똑같아 보였기 때문이다." 왜 그랬을까?

경마도 다른 도박과 똑같은 야바위다. 돈도 정보도 부족한데 한탕의 욕망만 들끓는 다수대중의 푼돈을 긁어모아, 이미 정해져 있거나 혹은 어쩌다 얻어걸린 소수에게 일부를 몰아주고 나머지 대부분은 판을 벌인 자들이 쓸어 간다. 그 야바위 판을 달리는, 욕망과 협잡이 투사된 말들이 아이의 맑은 눈에 점점 똑같아 보이는 건 당연한 일이다.

독일의 전용 마장에서 어느 젊은이가 타던 그 말도 경마장의 말들과 다르지 않다. 이 나라 일등 재벌이 권력의 측근에게 수십억짜리 말과 함께 수백억을 몰아준 대가로, 다수대중의 수천억을 집어삼키고 수십조의 경영권을 챙기는 신묘한 야바위판을 벌였다. 그 다수대중은 한탕을 좇는 도박꾼이 아니라 평범하고 성실한 국민들이요, 그 돈은 헛된 욕망을 건 판돈이 아니라 허리띠를 졸라 모은 노후자금인데 말이다. 그런데 그 재벌 총수의 구속영장이 기각됐다.

말은 순한 눈과 늘씬한 자태, 고고한 성격으로 사람들의 사랑을 받아 온 동물이다. 그러나 이젠 맑은 아이들에게도 말이 말 같지 않아 보일 것이다. 이를 어찌할 건가. 맑은 아이마음이 담긴 그림책 《달려, 토토!》는 작가의 조형적 천재성이 곳곳에서 반짝이는 멋진 작품이다. 그런 작품을 두고 작품 외적 이야기를 늘어놓아 몹시 미안하다. 언제나 뻔뻔함은 저들의 것이요, 오직 미안함만 우리의 몫이다.

2017.1.20.

*이 글 속의 '재벌 총수'는 2017년 2월 17일에 구속되었다가 2018년 2월 5일 집행유예로 석방되었으며, 2021년 1월 18일 재수감, 같은 해 8월 13일 가석방되었습니다.

아이와 어른의 마음을 이어 줄 수 있다면
나 때문에

박현주
이야기꽃

어느 휴일 오후 아이들과 고양이는, 다른 집들이 모두 나들이를 떠났는지 텅 빈 주차장에서 놀았다. 그리고 집으로 들어와 낮잠 한숨 자고 났을 때, 거실 작은 화분에 탐스럽게 맺힌 꽃망울을 발견했다. 고양이가 다가가 향기를 맡으려 하자, 꽃망울 하나가 톡 터졌다. 꽃이 활짝 핀 것이다.
어찌나 신기하던지, 아이들은 기뻤다. 예쁜 꽃송이가 정말 좋았다. 그래서 엄마에게 달려갔다. 엄마도 좋아할 줄 알고. 엄마, 엄마! 저것 좀 보시라고. 하지만 엄마는 너무 바빴다. 설거지에, 청소에, 밀린 빨래에, 일주일 치 밑반찬을 장만하기에….

그래서 아빠에게 달려갔다. 아빠도 좋아할 줄 알고. 아빠, 아빠! 저것 좀 보시라고. 하지만 아빠는 너무 피곤했다. 야근에, 자기계발에, 주식투자에, 일주일 치 밀린 잠을 보충하기에….
아빠가 버럭 화를 냈나 보다. 나가 놀든지 엄마한테 얘기하든지 하라고! 엄마가 발끈 소리쳤나 보다. 낮잠 그만 자고, 애들이랑 놀아 주면 안 되냐고. 한바탕 다툼이 일었다. 으르렁거리는 두 거인 사이에서 아이들은 몹시 놀랐다, 무서웠다, 작아졌다. 고양이도 몹시 놀랐다, 무서웠다, 작아졌다. 아빠가 탁자를 쾅! 내리친 순간, 고양이는 깜짝 놀라 펄쩍 뛰어올랐다. 그 바람에 화분이 툭 떨어졌다. 와장창 깨졌다. 아빠가 깨진 조각에 발을 다쳤다!

싸움은 끝났지만, 화는 삭지 않았다. 엄마가 소리쳤다. "저놈의 고양이, 당장 밖에 내다 놔!" 주섬주섬 고양이랑 고양이 집이랑 고양이 밥이랑 챙겨, 그 사이 자동차들이 돌아온 주차장 한 구석에 내다 놓고, 아이들이 운다. 고양이가 물끄러미 아이들을 바라본다. 젖은 눈동자에 우는 아이들 모습이 맺힌다. 고양이는 생각한다. '나 때문에….'

이 그림책이 간결한 글과 풍성한 그림으로 들려주는 이야기는 위와 같다. 그런데 이 그림책은 이야기를 순서대로 전개하지 않는다. 역순으로 시간을 거슬러 올라간다. 결과를 먼저 보여 주고, 원인을 제시하는 것이다. 이렇게 되풀이되는 '과(果)-인(因) 관계'는, 여느 이야기들처럼 사건의 결과를 궁금하게 하는 것이 아니라 원인에 주목하게 한다. 아이들이 왜 우는지, 고양이가 왜 쫓겨났는지, 아빠는 왜 발을 다쳤고 고양이는 왜 펄쩍 뛰어올랐는지, 고양이와 아이들은 왜 깜짝 놀랐는지, 엄마 아빠는 왜 싸웠는지, 아이들은 왜 엄마 아빠를 '귀찮게' 했는지….

그 '과-인 관계'의 양끝에 고양이가 있다. 쫓겨난 것도 고양이이고, 쫓겨나게 된 원인도 고양이인 것이다. 그러나 그것은 이야기의 겉모습일 뿐, 한 꺼풀만 벗기면 우리는 이야기 속의 고양이가 아이들 마음, 곧 '동심'의 은유임을 금방 알 수 있다. 그러니 이 이야기의 양끝에 있는 것은 바로 '동심'이다. 엄마 아빠에게 쫓겨난 것도 동심이요, 그렇게 된 원인 또한 동심이었던 것이다. 꽃망울 우연히 터진 것을 그리도 신기해하는 아이들의 마음, '우리가 좋아한 것을 엄마 아빠도 좋아할 줄 알았던' 아이들의 맑은 마음 말이다.

그래서 이 그림책은 어른들을 불편하게 한다. 바쁘다는 핑계로, 피곤하다는 이유로 얼마나 자주 아이들의 맑은 마음을 외면했는지, 무시했는지, 무참히 내쫓았는지 돌아보게 하니까. 그러면서 한편으로 성찰하게 한다. 도대체 무엇 때문에, 그리고 무얼 위해서 아이들의 맑은 마음을 외면하면서까지, 이토록 바쁘고 피곤하게 살고 있는지. 그렇다면 이 그림책은 어른들이 보아야 할 작품인 듯하다.

그림, 흔히 그림책의 주인이라 여겨지는 아이들에게 이 그림책은 어떤 것일까? "엄마, 아빠! 우리 마음을 알아주세요!" "우리가 좋아하는 것을 함께 좋아해 주세요!" "우리와 함께 기뻐해 주세요!" 이렇게 외치고 싶은 마음을 알아주고 대변해 주는 속 시원한 작품일까? 또는 자신들의 마음이 쉽게 외면당하고 심지어 내쫓김까지 당하는 현실을 깨닫게 해 주는 슬픈 작품일까?

아이와 어른의 마음을 이어 줄 수 있다면, 어른과 아이의 대화를 매개할 수 있다면, 이 그림책이 누구에게 전해지든, 어느 쪽으로 와 닿게 되든 상관이 없을 것이다. 그림책은 누구의 것이기 이전에, 생각과 마음을 전하고 나누는 미디어니까. 삶을 환기하는 예술이니까.

2014.2.4.

내일 또 코끼리를 만날 수 있을까
꽃에서 나온 코끼리

황K
책읽는곰

달개비떼 앞에서 쭈그리고 앉아 / 꽃 하나하나를 들여다
본다. / 이 세상 어느 코끼리 이보다도 하얗고 이쁘게 끝이
살짝 말린 / 수술 둘이 상아처럼 뻗쳐 있다. / 흔들리면 /
나비의 턱더듬이 같은 수술! / 그 하나하나에는 작디작은
이슬 한 방울이 달려 있다. / 혼처럼 박혀 있는 진노란 암
술 / 그 뒤로 세상 어느 나비보다도 파란 나비! / 금방 손

끝에서 날 것 같다. / 그래, 그 흔한 달개비꽃 하나가 / 이 세상 모든 꽃들의 감촉을…… // 상아 끝에서 물방울이 떨어져 / 풀잎 끝에서 꼭 한 바퀴 구르고 / 사라진다.

-황동규, 〈풍장58〉 전문

시인이 꽃을 보고 시를 썼다. 화가가 그 시를 읽고 그림책을 지었다. 책 속의 아이는 들길을 따라 집으로 가는 중. 산들바람 불어 풀숲을 스치는 소리가 들리고, 거기 처음 보는 꽃 하나 피어 있다. 상아처럼 기다란 수술이 참 예쁘다. 그런데 '어, 수술이 움직인다! 벌레가 있나?' 꽃 속에서 뭔가 살금살금 걸어 나온다. '저… 저건?' 코끼리다!

꽃에서 나온 코끼리는 아이가 내민 손바닥 위로 톡 떨어진다. 눈을 깜빡깜빡, 귀를 팔랑팔랑, 긴 코를 살랑살랑. '와아, 살아 있는 진짜 코끼리다!' 아이는 쿵쾅쿵쾅 가슴이 뛴다. '어쩌면 이렇게 작을까? 꽃 속에 사는 걸까?' 눈을 마주치며 아이는 생각한다. '코끼리는 뭘 좋아할까? 무슨 풀을 먹을까? 코끼리에게 무얼 보여 줄까?…'

아이는 가방에서 바람개비를 꺼내 코끼리와 함께 논다. 민들레, 엉겅퀴, 강아지풀을 뜯어 먹인다. 필통을 꺼내 보여 준다. 초록색 자로 코끼리의 키를 재어 주고, 학용품들의 이름을 알려주고, 진짜 아끼는 구슬을 놀잇감으로 내어 준다. 그러다가 코끼리가 필통 속에서 잠들자, 깨지 않게 꼼짝 않고 곁을 지켜 준다. 아이는 마치 꿈을 꾸는 것만 같다. 별똥별을 처음 봤을 때처럼 신비로우면서도, 별이 모두 떨어져 버리면 어쩌나 싶었던 그때 심정처럼 조마조마하다. 아! 화가가 그려 낸 이 장면이란…! 잠든 코끼리를 바라보는 아이의 까만 눈동자에 별 같은 동심이 아롱지는데, 해 기울어 붉어진 하늘도 숨죽이고 있다.

아이 얼굴에 시인이 겹치고 화가가 포개진다. 문득 알겠다. 화가와 시인과 아이는 하나였구나! 그림책이 시에서 불러 온 것은 코끼리만이 아니었구나! 작디작은 이슬을 단 나비의 더듬

이, 금방 손끝에서 날 것 같은 파란 나비, 이 세상 모든 꽃들의 감촉, 떨어져 풀잎 끝에서 꼭 한 바퀴 구르고 사라지는 물방울…. 이 모든 생명의 은유들은 곧 동심의 은유들이었구나!

한참 만에 깨어난 코끼리는 자꾸만 꽃 있는 데를 쳐다본다. 말을 안 해도 아이는 안다. 코끼리를 살포시 들어 올려 꽃으로 데려간다. 그때, 부아아앙- 빵빵! 오토바이 달려온다. 깜짝 놀란 코끼리 바동거리자 아이가 몸을 던진다. "어, 어어? 안 돼!" 정강이가 욱신거리고 손바닥도 따끔거리지만, 코끼리는 괜찮다. '다행이다, 정말 다행이다.'

이윽고 아이는 코끼리와 작별 인사를 나눈다. "내 이름은 한별이야. 너는… 꽃에서 나왔으니까 꽃끼리라고 부를게." 꽃끼리가 코를 뻗어 인사하고 꽃 속으로 뒷걸음질 친다. 한 걸음, 또 한 걸음. 마침내 기다란 상아만 꽃 밖에 남는다. "잘 있어! 내일 또 올게." 아이는 천천히 돌아선다. 등 뒤로 산들바람이 분다. 아이는 내일 또 코끼리를 만날 수 있을까?

달개비 떼 앞에 쭈그리고 앉아 꽃 하나하나를 들여다볼 수 있다면, 시를 읽으며 마음속에 그림을 그릴 수 있다면, 그렇게 설레는 가슴 간직하고 있다면… 아이는 다시 코끼리를 만나고, 코끼리와 놀고, 코끼리를 돌보고, 코끼리에게 이름을 붙여 줄 수 있을 것이다. 그것을 우리는 '동심'이라 부른다. 동심 앞에서, 오토바이는 잠시 멈춰 주기를….

2017.4.27.

무서운 괴물을 맞이하는 방법
괴물이 오면

괴물이 오면
이야기꽃

밤이 되어 잠자리에 들 무렵, 어린아이들은 종종 무섬증을 겪는다. 통제할 수 없는 어둠도 무섭지만, 잠들어 버리면 자신을 지켜 주는 어른으로부터 고립되고 말 테니까. 아직 절반쯤은 상상의 세계에 사는 아이들은 그 두려움 속에 괴물을 불러내기 십상이다.

"엄마, 무서워. 괴물이 나올 것 같아." "엄마가 있는데 뭐가 무서워?" "엄마가 잠든 사이에 나를 잡아가면 어떡해?"… 이럴 때 어른들은 어떻게 해야 할까? 괴물 따위는 없다는 곧이곧대로의 사실을 들이대며 어서 자라고 재촉해야 할까? 책 속의 엄마는 이렇게 묻는다. "그런데, 괴물은 어떻게 생겼어?"

"음… 괴물은, 거인만큼 엄청 크고, 눈이 부리부리하고, 이빨이 날카롭고, 뿔이 뾰족해." 질문에 답하면서 아이는 스스로 막연한 두려움을 구체화한다. "그렇구나. 정말 무섭겠다. 그럼 괴물은 어디서 오는 거야?" "엄만 그것도 몰라? 괴물 나라에서 오지!" "괴물 나라는 어디 있는데?" "괴물 나라는, 머얼리 있어. 바다도 건너고 산도 넘어야 해." 공감하며 되물어 주니 말문이 열리고, 괴물은 모습도 사는 곳도 점점 분명해진다. 그럼 그 분명해진 괴물은 어떻게 아이를 찾아오는 걸까? "그래? 그럼 우리 집까지 오려면 엄청 오래 걸리겠다." 구체적인 존재는 구체적인 과제를 안게 마련이다. 상상 속의 괴물은 현실적인 문제를 만나게 되고, 해결책은 고스란히 아이의 몫이 된다. "아냐. 괴물이 자동차를 타고 올 수도 있잖아. 그럼 빨리 올 거야." "괴물한테 자동차는 너무 작을 거 같은데?" "그럼 스케이트처럼 타고 오면 되지!" "미끄러져서 꽈당 넘어질 걸?" "그럼, 비행기 타고 오면 되지!" "무서워하지 않을까? 너처럼 높은 곳을 겁낼지도 몰라." "아냐! 나 높은 데 겁 안나! 그리고 무서우면 그냥 걸어오면 되지!"…

괴물의 과제를 풀다가 어느새 괴물에게 감정이 이입된 아이. 엄마와 함께 논리적인 문답놀이를 이어 가다 보니 통제할 수 없던 비이성적 두려움에 차츰 이성의 빛이 비춰진다.

"괴물 나라는 아주 멀고 무시무시할 텐데 걸어오려면 정말 힘들겠다." "그래도 문제없어! 괴물은 엄청 크고 힘도 세니까." "그래, 그렇겠다. 그럼 바다는 어떻게 건너?" "배를 타면 되잖아." "너무 무거워서 풍덩~ 하고 가라앉을지도 몰라. 괴물이 너처럼 수영을 못하면 어떡해?" "아냐! 나 수영할 수 있어! 진짜야. 나 수영해 봤어!… 그런데 엄마, 바닷속에 상어랑 대왕오징어랑 있을까? 나는 안 무섭지만, 상어 이빨은 진짜 날카로워. 상어 만나면 주먹으로 때려 줘야 하는데…."

이성의 빛에 드러난 괴물은 이제 아이가 걱정해 줄 만큼 만만하고 친근해졌다. 그리고 마침내는 올까 봐 두려운 존재가 아니라, 부디 잘 오기를 바라는 애틋한 존재가 된다. "엄마, 그래도 괴물은 잘 건너올 수 있겠지? 거인만큼 크고 힘도 세니까!"

아이는 이제 잘 잘 수 있다. "근데, 여기까지 오려면 진짜 힘들겠다…. 하암~! 엄마, 괴물이 오면 좀 쉬었다 가라고 해 줘, 알겠지?" 앞으로 맞게 될 많은 밤들, 마음속에 다시 괴물이 나타나더라도 아이는 잘 다스릴 수 있게 되지 않을까.

두려움에 잠 못 드는 아이가 어찌 이 책 속의 아이뿐일까? 밤마다 세상에는 아이들의 수만큼이나 많은 괴물들이 등장할 것이다. 아이들이 다 다르니 괴물의 모습도 다 다를 터. 하지만 아이들의 두려움을 달래 주는 방법은 크게 다르지 않을 것이다. 공감하고 소통하면서 함께 두려움을 마주해 주기. 그럴 때 아이는 막연했던 괴물의 실체를 탐색하며 두려움을 이겨낼 힘을 얻게 되지 않을까.

어린 시절을 벗어난 뒤에도 우리는 수시로 우리 앞에 나타날 괴물을 떠올리며 두려워한다. 입시, 취업, 질병, 노화, 노후의 삶…. 그리고 죽음이라는 괴물들. 하지만 우리가 이리 애면글면 살아가는데 괴물이라고 쉬이 올 리 있을까?

"먼 괴물 나라에서 찾아올 괴물의 모습을 구체적으로 떠올려 보세요, 그리고 사랑하는 누군가와 함께 똑바로 마주보세요. 그러면 괴물이 실은 조금은 귀엽고 조금은 안쓰러운 녀석이란 걸 알게 될지도 몰라요." 이 작은 그림책이 아이와 어른 모두에게 전하는 말이리라.

2020.11.24.

마음이 자라는 데에 정말 필요한 것은
이까짓 거!

박현주
이야기꽃

초등학교 교실, 아마도 마지막 교시가 한창인 것 같은데, 창밖에 비 내리고 한 아이 고개 돌려 밖을 바라본다. 살짝 근심스러운 표정. 앞면지에 그려진 이 첫 장면을 보는 독자들은 십중팔구 '비 오는 날, 우산 없는 아이 이야기구나!' 할 것이다. 맞다. 첫 그림만 보고도 짐작할 만큼 이런 이야기는 드물지 않다. 다들 어린 시절 한두 번은 경험해 본 상황일 테니까.

하지만 그렇다고 뻔한 이야기일까?

이야기는 예외 없이 '문제 상황'을 다룬다. 아무 문제없는 상황에서는 아무 사건도 생겨나지 않으니까. 또, 대개의 이야기는 보편적인 문제 상황을 다룬다. 그래야 많은 사람들이 공감할 테니까. 그럼에도 그 이야기들이 다 다른 까닭은 반응하고 대처하는 방식이 사람마다 다 다른 까닭. 그러면, 이 그림책의 주인공 아이는 비 오는 날 우산 없는 이 문제 상황에 어떻게 반응하고 대처했을까?

책장을 넘기니 우산 쓴 어른들이 아이들을 데리러 오고 있다. 그러나 거기 우리의 주인공을 데리러 오는 어른은 없다. "마중 올 사람 없니? 같이 갈래?" 다른 아이를 데리러 온 아빠가 묻는다. "아, 아뇨…. 엄마 오실 거예요!" 아이의 대답은, 거

짓말. 자존심 때문이었을까? 하지만 비 오는데 우산 없고 올 사람도 없는 현실은 변함이 없다.

어쩌지도 못하고 우두커니 서 있을 때, 같은 처지의 아이 하나 현관으로 나온다. '작년에 같은 반' 준호. "홍준호! 너도 우산 없어?" 준호는 대답 대신 가방을 머리에 쓰고 심상하게 말한다. "넌 안 가나?" 그러고는 그냥 달린다. '비 오는데…' 잠깐 망설였지만, 주인공 아이도 에라, 모르겠다! 가방을 머리에 쓰고 달리기 시작한다. '무심코 따라 하기'였는지 '엉겁결 오기발동'이었는지는 모르겠지만, 뭐 그게 중요한가, 아무튼 집에 가는 게 중요한 것이다.

문방구까지 달리고 나서 준호가 말한다. "다음은 편의점까지, 경주할래? 지는 사람이 음료수 사 주기." 돈이 없다고 말할 겨를도 없이 "준비, 땅!" 비 맞으며 달리기는 경주 놀이가 되고 둘은 앞서거니 뒤서거니 편의점과 분식집을 거쳐 금세 피아노 학원에 이르는데, "다음엔 어디까지 뛸 거야?" 묻는 아이의 말에 준호는 "난 다 왔어. 잘 가." 역시 심상하게 말하고는 학원으로 들어가 버린다.

다시 우산 없는 혼자가 된 주인공, 쏟아지는 비를 바라보다가 택한 행동은? 달려가기! "이까짓 거!" 함께 달려 보았으면 혼자서도 달릴 수 있다. 빗속을 달리는 아이에게 지나가던 친구 엄마가 묻는다. "얘, 우산 없니? 같이 갈래?" "괜찮아요!" 이번엔 참말. 아이는 다짐하듯 다시 한 번 중얼거린다. '이까 짓 거!' 이제 비쯤이야 겁나지 않는다. 우산이 있든 없든, 엄마 가 데리러 오든 안 오든. 아이의 마음이 성장한 것이겠지? 그 래서인가 보다. 비 쏟아지는 세상이 온통 환한 노랑으로 물든 까닭이.

이어지는 뒷면지의 마지막 장면. 역시 비 오는 노란 세상을 다른 사내아이가 후드티를 올려 쓰고 달려가고 있다. 누굴까, 이야기를 되짚어 살펴보니 피아노학원 앞에 우두커니 서 있던 아이! 빗속으로 뛰어드는 주인공을 보고, 이 아이도 용기를 얻은 모양이다.

그리고 보면 역시 성장에 필요한 것은, 늘 빈틈없이 갖춰진 우산이나 언제든 데리러 오는 부모는 아닌 듯하다. 오히려 적당한 시련과 결핍, 그리고 그것을 함께 겪으며 거울이 되어 주는 친구가 필요한 것이겠지. 더하여, "같이 갈래?" 하고 권하는 어른들의 적당한 관심이 있다면 아이들은 결국 용기를 낼 것이다. "이까짓 거!" 하면서….

2019.9.19.

"그러니 너무 안타까워하지 말아요."
토마토

이단영
이야기꽃

여름 한낮 학교에서 집으로 돌아온 아이가 대문을 열기 전, "엄마~!" 하고 불러 본다. 곧바로 문을 열고 쾅! 거칠게 닫은 걸 보면, 이미 아이는 엄마가 집에 없다는 걸 알고 있었던 모양이다. 그래도 아이는 방이며 부엌 문을 하나하나 열어 본다. 역시나 오늘도 엄마는 없다. 하지만….
냉장고를 열어 보니 토마토는 있다. 빨갛게 잘 익은 토마토,

큼직한 걸로 하나 꺼내어 아~ 흡! 한입 크게 베어 문다. 상큼한 과즙이 입안을 가득 채운 순간, 아이의 마음은 토마토가 여물어 가는 밭가로 왔다.

엄마, 아빠, 할머니도 거기 함께 있다. 시설이나 규모로 보아 아마도 밭은 작은 텃밭 같다. 가장자리에 서 있는 옥수수 꽃이 막 피어나고 있는 걸 보면, 이제 막 빨개진 토마토를 첫 수확하는 날인 듯. 온 가족이 잠시 앉아 쉬며 한 입씩 베어 물고 웃고 있다.

'나는 토마토가 좋다.' 그 기억이 아이는 무척 좋았던 모양이다. 그래서 기분이 나아졌나 보다. '토마토를 먹고 나니' 마당에 꽃이 피었다 한다. 수국이며 접시꽃, 맨드라미, 봉숭아, 채송화… 실은 내동 피어 있었을 텐데. 그제야 바람이 분다고 한다. 실은 빨랫줄에 널어 놓은 마른 빨래가 내동 팔락이고 있었을 텐데. 나무가 손을 흔들어 준다고 한다. 실은 바람에 이파리가 흔들리는 건데. 파란 하늘의 구름은 토마토를 닮아가고, 아이는 어느새 구름처럼 하늘에 둥둥 떠 있다. 지저귀는 새소리, 예쁘게 들린다. '나는 오늘도 토마토를 먹었'으니까.

문득 궁금해진다. 이 아이의 엄마는 왜 '오늘도' 집에 없는 걸까? 아빠는? 할머니는? 그림책은 말해 주지 않는다. 공장일지

면사무소일지 밭일지, 다들 어디론가 일하러 나가 있을 수 있을 테지. 혹 엄마든 아빠든, 아니면 둘 다든 어디 먼 데로 돈 벌러 갔는지도 모르겠다. 아, 이건 참 불행한 경우이겠지만, 어쩌면 세 어른 중 한둘이 이 세상에 안 계실 수도 있을 것이다. 어떤 경우든, 그러나 토마토는 있었다. 아무도 없는 집 냉장고 안에서 신선하게 웃으며 아이를 맞아 주었다. 그 토마토를 먹고 아이는 웃었다. 다시 돌아오지 않을 추억일지 내년 여름 또 기대되는 시간일지 모르겠으나, 좋았던 기억을 떠올리며 빈 집 마루에 누워 잔잔한 행복에 잠겼다. 그러고 나서 밖으로 나가 뛰어 놀았을까, 집에서 숙제를 하고 동화책을 읽었을까. 아이는 긴긴 여름 한낮을 나름대로 씩씩하게 보냈을 것이다.

지금 곁에 있어 줄 수는 없지만, 함께 있음을 느끼게 해 줄 그 무엇. 그것을 어른들이 챙겨 주기만 한다면, 그것만으로도 아이는 자랄 것이다. 이 글을 쓰는 나도 그랬으니까. 냉장고 속 토마토든, 이불 속 밥주발이든, 정성껏 적어 조촐한 밥상보에 얹어 둔 작은 메모든….
"그러니 너무 쓸쓸해하지 말아요, 그러니 너무 안타까워하지 말아요." 그림책 《토마토》가 발갛게 웃으며 말을 건넨다.

2020.8.25.

4. 사이에서

차라리 흰 들개로 살아남아라!

거대한 자들에게 내리는 축복
뿔쇠똥구리와 마주친 날

호르헤 루한 글, 치아라 카레르 그림, 배상희 옮김
내인생의책

거대한 생명체가 화면을 꽉 채웠다. 필름이나 코팅지에 검정 물감을 바르고 손가락으로 긁어내어, 그렸다기보다는 불러낸 듯 보이는 형상에 기운이 충만하다. 바탕에서부터 올라와 거친 선을 이루는 노란 빛깔은 이 존엄한 생명체가 저 심연에서 떠오른 구원의 존재인가 싶은 생각도 들게 한다.
이것의 이름은 무엇인가? 글은 이렇게 쓰여 있다. "무시무시

한 트리케라톱스가 빛나는 뿔을 들어 올리고 앞발을 구르며 공격하려는 듯했습니다." 그렇구나, 광포한 육식공룡에 맞서 뿔을 세우고 자존을 지키던 백악기의 초식공룡. 그런데 어떤 연유로 21세기 '인간세'의 그림책 속에 버티고 서서 정면을 응시하고 있는가?

스페인어로 쓰인 이 그림책의 제목은 '에스테반과 딱정벌레'. 한국어 번역판은 좀 더 특정하여 '뿔쇠똥구리와 마주친 날'이라 적고 있다. 제목 그대로 에스테반이라는 아이가 딱정벌레목의 뿔쇠똥구리와 마주친 날의 이야기다.

어느 날 오후 에스테반은 딱정벌레 한 마리를 발견한다. 아이는 크고 벌레는 작다. 저 아래로 내려다보이는 하찮은 벌레 한 마리. 하찮기 때문인가. 아이는 거의 아무 생각 없이 신발을 벗어 내리치려 한다. 벌레는 아는지 모르는지 제 갈 길을 갈 뿐. 에스테반은 문득 들어 올렸던 팔을 내리며 생각한다. '얘는 지금 어디로 가는 걸까? 화단 한 구석으로 가는 것 같은데? 근데 뭐 하러 가는 거지?' 내리치면, 궁금증도 궁금증을 풀어 줄 벌레의 이야기도 거기서 끝나 버릴 터. 에스테반은 조용히 신발을 내려놓고, 몸을 기울여 머리를 땅에 바짝 붙인 채 딱정벌레를 들여다본다. 그러자 이 하찮은 벌레가 다르게 보인다. 세 개의 빛나는 뿔을 세우고 앞발을 구르는 환상적인 백악기의 생명체! 그러나 벌레는 그저 작고 선량한, 벌레일 뿐. '트리케라톱스'는 무슨 생각이 난 듯, 짧은 다리를 움직여 옆으로 비켜서더니 다시 천천히 제 갈 길을 간다. 에스테반도 기울였던 몸을 일으켜 다시 신발을 신고 제 갈 길을 간다.

이 짧은 이야기 속에서 무슨 일이 있었는가? 아이는 죽이지 않았고, 벌레는 죽지 않았다! 어찌하여 그리 되었는가? 아이가 잠깐 벌레의 이야기를 궁금해했고, 몸을 숙여 벌레를 마주 보았다. 한 인격이 살생의 죄를 면하고 한 목숨이 횡사의 변을 피하는 우주적 사건이 성사되는 데에, 그것으로 충분했다.

에스테반에게 딱정벌레가 그랬던 것처럼, 거대하고 힘센 자들에게 작고 약한 자들이 대단해 보일 리 없을 것이다. 어른에게 어린아이가, 감독에게 일개 선수가, 사장에게 사원이, 원청의 정규직 관리자에게 하청의 비정규직 노동자가, 건물주에게 세입자가, 자본·정치·언론 권력에게 일개 시민이…. 숱한 횡사의 비극이 그래서 일어나는가? 그래서 저마다 꿈을 품고 제 갈 길을 가던 청년들과 노동자들이, 어린 선수들이, 아무것도 모르는 어린아이들이, '거의 아무 생각 없이' 내리치는 신발짝에 무참히 으깨어져 버리는 것인가? 힘겹게 지어 왔고 지어 갈 이야기들이 거기서 그만 끝나 버리고 마는 것인가?
잠깐의 '생각 있음'이 에스테반으로 하여금 신발을 내려놓게 했다. 딱정벌레와 눈높이를 맞추게 했다. 존엄한 생명의 모습을 보게 했다. 그리하여 한 생명의 이야기가 이어지게 되었다. 에스테반은? 이전과는 뭐라도 다른 사람이 되었으리라. 생명의 존엄을 발견한 사람, 생명의 이야기를 떠올려 본 사람, 최소한 한 목숨을 아무 생각 없이 죽이지 않은 사람! 축복이라 아니할 수 있을까.

인간의 태생과 조건, 욕망과 능력이 균일하지 않은 한 이 인간세의 누군가는 거대하고 누군가는 작을 수밖에 없으리라. 거대한 자들에게 남의 생명을 죽이지 않는, 남의 이야기를 끝내지 않는 축복을 내리기 위해 우리는 무엇을 해야 할 것인가? 백악기로부터 우리를 찾아온 저 눈망울이 묻는다.

2019.1.7.

'남자다움'과 '사람다움'
근육 아저씨와 뚱보 아줌마

조원희
상출판사*

숲속에 두 사람이 살고 있다. '근육 아저씨'와 '뚱보 아줌마'. 둘이 어떤 관계인지는 알 수 없다. 그게 중요해 보이지도 않는다. 둘 사이에 특별한 사건도 없다. 그 또한 중요해 보이지 않는다. 그러면 무엇이 중요한가? 이 그림책이 보여 주는 것은

*2012년 상출판사에서 처음 출간된 이 작품은 2022년 4월 사계절출판사에서 재출간될 예정입니다

다만, 두 '인격'이다.

근육 아저씨는 취미가 새들 무등 태워 주기와 다친 새 치료해 주기. 양 팔을 올려 '뫼 산(山) 자'를 만들고 근육이 잘 발달한 어깨와 상박에 새들을 앉힌 자태는 웅장하여 위엄 있고, 붕대 한 끝을 입에 물고 아기 새의 다친 날개를 싸매 주는 모습은 섬세하고 따뜻하다. 새들이 떼로 몰려와 무등을 태워 달라고 성가시게 굴어도 "얼마든지 타도 좋지만 눈은 가리지 말아야지." 하며 타이를 뿐이다. 날개 다친 아기 새가 다시 날 수 있도록 제 팔뚝에 그네를 매어 재활훈련을 돕기도 한다.

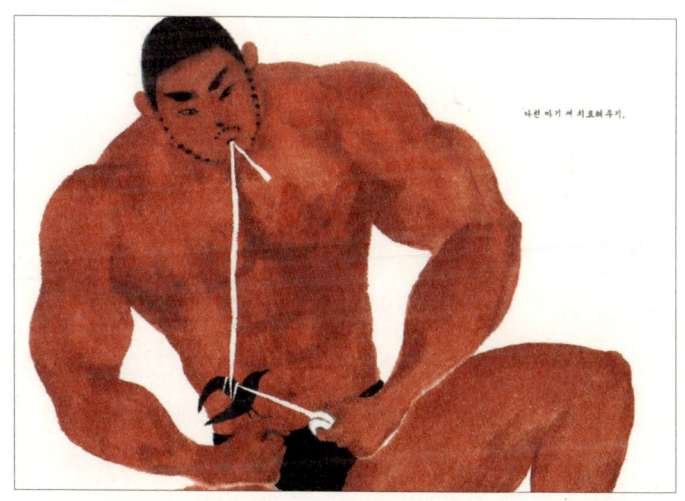

뚱보 아줌마는 어떤가? 발길에 개미가 밟힐까 조심하느라 걸음이 늘 뒤뚱거린다. 개미의 행렬이 길게 이어지면 다 지나갈 때까지 기다려 주고, 개미들이 집으로 돌아갈 땐 모두 무사히 돌아가 잠들 때까지 엎드려 지켜봐 준다. 그러다가 저 자신이 먼저 잠들어 버리기도 한다. 그러면 개미들은 '뚱보 아줌마가 감기에 걸리면 안 되지.' 하며 연둣빛 나뭇잎을 수없이 물어다 덮어 주고, 잠든 아줌마를 본 아기 새는 서둘러 근육 아저씨에게 날아가 이렇게 일러 주는 것이다. "뚱보 아줌마가 또 땅바닥에서 잠들었어요."

황급히 달려온 근육 아저씨는 뚱보 아줌마가 깨지 않도록 조심스레 둘러업는다. 집에 데려다 줄 테지. 둘의 보금자리일까 뚱보 아줌마네 집일까? 아무러면 어떤가. 어쨌든 근육 아저씨는 뚱보 아줌마를 편히 잘 수 있게 해 주리라. 그러곤 무엇을 할까?

다음 장면을 보니 뚱보 아줌마가 나팔을 불며 조그만 자전거를 타고 온다. '개미들아, 내가 가니까 다치지 않게 피해 다오.'라는 신호를 보내는 듯. 자전거와 나팔은 어디서 났을까? 책 머리로 돌아가 보니, 근육 아저씨가 연장통과 바퀴 두 개를 들고, 머리 위엔 나팔을 입에 문 새 한 마리 얹고 달려가는 프롤로그가 있었다. 그 나팔, 그 자전거 바퀴였구나. 그러고 보면, 작가는 두 인격 중에서도 근육 아저씨를 주되게 보여 주

고 싶었던 듯하다. '위엄 있고 웅장한데 섬세하고 따뜻하며 배려할 줄 아는 남자'.

사람들은 대개 자신이 누구이며 어떻게 살 건가에 대한 관념을 지니고 산다. 거기 '성 정체성'이라는 항목도 있다. 이 책을 읽는 나는 남성으로서, '남자답게' 살고 싶은 관념이 있다.
그런데 남자다움이란 무얼까? 걸핏하면 '싸나이가' 운운하는 '쎈(척하는) 남자'들의 언행이나, 자신이 '남성 대표'인 줄 아는 먹물들의 '남자 설명서'를 보면 알 수 있을까? '발정제'니 '노룩패스'니 "갠 단지" 따위로 세간의 입길에 올랐던 남자들의 경우를 보면 전혀 아닌 듯하다. 오히려 '여성' 작가 조원희가 만든 이 멋진 그림책을 보니 알겠다.

그렇다면 우선 근육부터 키워야 할까? 그러나 나는 숲속에 살지 않으니 그럴 필요는 없겠다. 그보다는 숲속의 근육을 대신하는 숲 밖의 무언가를 생각해 봐야 할 터. 그 전에 먼저 섬세하고 따뜻하며 배려하는 태도를 길러야겠지. 그런데, 그건 남녀를 불문하고 '사람'의 덕목이지 않은가?… 그렇구나. 중요한 건 그저, '사람다움'이었다.

2017.6.29.

다만 그 사랑이 진실하기를
사랑해 너무나 너무나

저스틴 리처드슨과 피터 파넬 글, 헨리 콜 그림, 강이경 옮김
담푸스

미국 뉴욕의 센트럴파크 동물원에 펭귄 로이와 실로가 살았다. 둘은 언제나 같이 걷고 같이 노래하고 같이 헤엄치고, 서로 다정히 목을 비벼 대었다. 사랑하는 사이. 사랑하므로 둘은 가정을 이루고 싶었다. 돌멩이를 모아 둥지를 짓고, 밤이면 다정하게 잠을 잤다. 여느 펭귄 부부들처럼.
그러나 둘에게는 여느 부부처럼 할 수 없는 일이 있었다. 알을 낳는 일. …그들은 모두 수컷, 동성이었다. 로이와 실로는 알처럼 둥근 돌을 가져다 품어 보았다. 번갈아 자고 일어나 품고 헤엄치고 돌아와 품고, 몇날 며칠을 품고 또 품었다. 하지만 돌멩이 속엔 흰자도 노른자도 들어 있지 않았다. 그러므로 아무 일도 일어나지 않았다.

아니, 그런데 무슨 일이 일어났다. 돌멩이가 아닌 사람 - 사육사의 마음이 움직였다. '둘은 서로 사랑하나 봐. 가족을 이루어 아기를 키우고 싶어 해.' 사육사는 부화에 자주 실패하는 다른 펭귄 부부의 알 두 개 중 하나를 로이와 실로의 둥지에 넣어 주었다.

여느 부모들처럼 로이와 실로도 자식 사랑이 지극하였다. 둘은 알이 고루 따뜻해지도록 이리저리 굴려 가며 아침에도 품고 밤에도 품었다. 점심 먹을 시간에도 헤엄칠 시간에도 저녁 먹을 시간에도…. 그 달이 시작되던 날, 그 달이 끝나던 날, 그 사이에 있는 모든 날에도 품고 품었다. 그리고 마침내 새끼가 깨났다. 둘만의 아기. 로이와 실로는 아빠가 되었다. 사육사가 말했다. "아기 이름을 탱고라고 짓자. 혼자서는 출 수 없는 춤."

두 아빠가 한 아기를 정성으로 키웠다. 배가 고프면 무슨 소리를 내야 하는지 가르쳐 주고, 제 부리에서 먹이를 꺼내 먹여 주었다. 밤에는 꼭 안아 재우고, 둥지를 나올 만큼 자라자 헤엄치는 법을 가르쳐 주었다. 동물원을 찾은 사람들은 여느 펭귄 가족과 다르지만 같은 이 가족을 보며 외쳤다. "장하다, 로이!" "장하다, 실로!" "만나서 반가워, 탱고!"

이 그림책이 전하는 이야기는 실제로 있었던 일이다. 1998년부터 6년 동안 로이와 실로는 부부로 살면서 탱고를 키웠다. 이 나라의 동물원에서라면 어땠을까? 크게 다르지 않았으리라. 사랑을 응원하는 것은 누구나 가지는 마음이니까. 그 사랑이 동성 간의 것이라 하여 저주받을 까닭이 있을까?

그런데 동성애는 여전히 이 나라에서 저주받고, 그 사랑이 결실을 맺는 것은 불법이다. 어떤 이들은 대통령감을 검증하는 자리에서건 법관을 살펴보는 자리에서건 '동성애를 찬성하느냐?'는 질문을 던지며 저주를 부채질하기도 한다. 동성애는 자연의 섭리에 어긋난다는 주장이 저주의 근거다. 하지만 애석하게도(?) 동성애는 고래류, 영장류를 비롯한 '자연'의 수많은 종들에게서도 적잖이 발견된다. 동물들이 자연의 섭리를 어기는 것일까?

1990년, 세계보건기구(WHO)는 동성애를 질병 목록에서 제외했다. 인위적으로 어찌할 수 없는 타고난 정체성이라는 뜻이다. 선택이나 찬반의 대상일 수 없다는 뜻이기도 하다. "성소수자로 사는 것이 선택 가능한 것이라면, 사회적으로 이렇게 비난받기 쉬운 환경에서 누가 그 길을 택하겠어요?" 어느 성소수자 부모의 말이다.

본디 그러한 것 - 그렇게 생겨난 것을 '자연'이라 하고, 사람이 만든 것 - 일부러 그렇게 하는 것을 '인위'라 부른다. 차별, 전쟁, 핵무기, 사대강사업, 국정농단… 따위가 후자에 해당하고 강, 산, 바다, 꽃, 나무, 사랑… 등이 전자에 든다. 차별이나 핵무기를 찬성 반대할 수는 있다. 그러나 강이 흐르고 달이 뜨는 것을 찬성할 수 있는가? 꽃이 피고 지는 것을 반대할 수 있는가? 이성이든 동성이든 서로 사랑하는 이들을, 사랑하여 가정을 이루고 싶은 이들을 센트럴파크의 사육사처럼 돕지는 못할망정, 저주할 일이 아니다. 다만 우리는, 그 사랑이 진실하기를 기원할 수 있을 뿐.

2017.9.21.

삶과 죽음 사이에서 깨달은 셈법
코끼리 똥

헬메 하이네, 이지연 옮김
베틀북

우물쭈물하다가 반백년을 넘겨 살았다. 마음은 여전히 철부지인데, 몸이 점점 부실해진다. 즐비한 인생 선배들 앞에 민망하지만 사실은 사실이다. 이젠 기와 열의 발산을 줄이고 욕망도 일도 줄여 가라는 자연의 뜻이리라. 그러나 생계가 도통 줄지 않으니 일 또한 줄일 수 없고, 기와 열을 수렴할 여유도 없다. 이렇게 순리를 거슬러도 될까?

그림책을 펼쳐 든다. 《코끼리 똥》. 늘 배고픈 아기 코끼리가 살았다. 와구와구 먹고 벌컥벌컥 마시고 쿨쿨 잤다. 그리고 아침이면 일어나 똥을 누었다. 끙! 커다랗고 둥근 똥 한 개. 아기 코끼리는 날마다 어김없이 딱 하나씩 똥을 누었다. 그러던 어느 날, 놀랍게도 커다랗고 둥근 똥 두 개가 나왔다. 코끼리는 기뻐 껑충 뛰었다. 신이 나서 똥 주위를 빙빙 돌았다. 그리고 깨달았다. 그날이 생일이고 이제 두 살이 되었다는 것을. 코끼리는 더 큰 어른이 되기 위해서 더 많이 먹어야겠다고 결심했다.

코끼리는 그렇게 해마다 똥의 개수를 늘려 갔다. 어느덧 나이 쉰에 똥 50개! 그런데 쉰한 번째 생일에 이상한 일이 일어났다. 커다랗고 둥근 똥이, 49개에서 그치고 만 것이다. 무슨 일이 일어난 걸까? 한 해가 더 가고 쉰둘이 되어, 똥 덩이가 하나 더 줄어든 뒤에야 코끼리는 깨달았다. 정점을 넘어섰구나! 0에서 시작해 정점까지 왔으니, 이제 다시 0으로 수렴해 갈 때. 더하고 빼다 0이 되어가는 진리를 깨달은 코끼리는, 행복했다.
그리고 한 살 한 살 나이를 더해 갔다. 이윽고 백 살이 되던 날 아침, 아무리 힘을 주어도 단 한 덩이 똥도 나오지 않음을 확인한 코끼리는 조용히 발걸음을 옮겼다. 더 이상 똥을 만

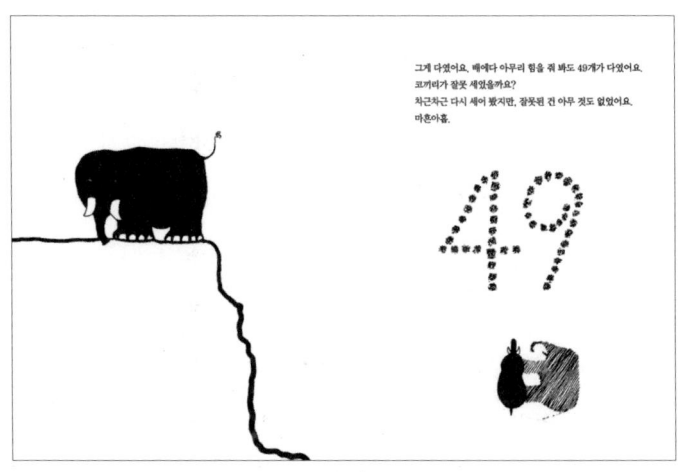

들 수 없었던 앞 세대 코끼리들이 사라진 방향으로.

코끼리도 깨달은 셈법을 사람이 깨닫지 못할까? 나도 안다. 0으로의 수렴을 받아들이고 모든 것을 줄여 가야 한다는 것을. 그러나 그도 줄일 것이 있는 이들이나 할 수 있는 일, 줄일 것이라곤 욕망밖에 없는 우리 '평민'들은 어찌해야 하나.
'정점'을 넘어선 부모의 급여를 줄여 자식들 일자리를 만들자는 것이 '임금피크제'다. 실효성과 타당성이야 요모조모 따져 보면 알 수 있는 일이지만, 문득 궁금해진다. 그렇게 하자는 사람들, 이른바 정책 입안자들과 그들에게 로비를 펼치는 사람들의 나이는 몇인가? 소득은 얼마나 되는가? 그들이 먼저 자신의 급여를 줄이고, 노동자들에게 요구하는 '정년'이 넘었다면 알아서 물러나고, 그래서 그 분야 젊은이들의 일자리가 느는 걸 확인하면 평민들도 코끼리의 깨달음대로 살 뜻이 있을 것이다.

들판의 코끼리들에게도 나름의 불평등이 있겠지만, 그들에게 풀 뜯어 먹고 물 마시고 잠자는 기본 조건은 평등하다. 나도 기본적인 삶의 조건이 평등한 세상에서, 그림책이 알려 준 순리대로 살고 싶은 마음 간절하다. '격렬하게' 순리대로 살고 싶다.

2015.9.18.

*이 책을 자세히 들여다보면 약간의 수학적 실수를 발견할 수 있다. 눈 밝은 독자들은 알아차릴 것이다. 그렇다고 이야기의 진실이 묽어지는 건 아니다.

차라리 흰 들개로 살아남아라
검은 강아지

박정섭
웅진주니어

인적이 드문 대로변에 커다란 사람이 작고 흰 강아지를 두고 간다. "착하지? 여기서 기다려. 곧 데리러 올게." … '착한' 강아지의 길고 긴 기다림이 시작된다. 이 그림책은 그 기다림의 끝까지를 그린다.

기다림은 기대와 불안 사이의 행위이자 상태다. 기대를 품은 자는 설레며 기다리는 행위의 주체가 되지만, 불안에 휩싸인

자는 애태우며 기다리는 속절없는 객체의 상태에 놓인다. 기다림은 대개 그 사이의 어디께 있어서, 기다리는 자는 늘 설렘과 애탐 속에서 그 자리를 서성이게 마련이다. 우리의 흰 강아지는 어땠을까?

계절이 바뀌고 또 바뀌어 하얀 털빛이 검게 변하도록, 기다리라 한 그 자리를 떠나지 않는다. 언젠가는 오리라는 기대를 품고 기다렸으나, 기다려도 오지 않으리라는 불안이 흰 강아지를 속뿐만 아니라 겉까지 검게 태워 버린 것일지도 모른다. 그렇게 길가에 버려져 검은 강아지가 된 흰 강아지 앞으로, 길가에 버려진 쓰레기더미 속에서 문득 또 다른 흰 강아지가 나타난다. 똑 닮은 둘은 금세 친구가 된다. "안녕?" "너 여기서 뭐해?" "주인님을 기다리는 중이야." "쯧쯧…" "여기서 잠깐 기다리라고 했거든. 나랑 약속했어!" "이런 이런, 가엾은 친구 같으니라고." "그때까지 나랑 놀래? 추울 땐 몸을 움직여야 한대." "움직이면 배만 고플 텐데." "날 따라해 봐. 기분이 좋아질 지도 몰라."…

한쪽 다리를 들어 오줌을 누고, 시원하게 방귀를 뀌고… 따라하기 놀이를 하며 말을 주고받다 보니 둘은 똑같은 처지였다. 그러나 흰 강아지는 이미 기대를 버린 듯 검은 강아지에게 묻는다. "그런데 진짜 너희 주인이 오면… 나는 어쩌지?" "걱정마! 너도 데려가 달라고 말할게. 뭐든 들어주실 거야." 검은 강아지가 확신에 차 대답할 때, 겨울이 된 하늘에서 눈이 내린다. 함께 눈을 맞으며 흰 강아지가 말한다. "그런데 있잖아, 사실은 내 옆에… 네가 같이 있어 줘서 참, 고마워…"
내리는 눈을 이불 삼아 잠들어 가는 두 강아지 사이에 버려진 거울이 놓여 있다. 그새 고물장수라도 와서 쓸 만한 것들을 집어갔는지 쓰레기더미는 한결 조촐해졌는데, 거울 앞에 잠든 검은 강아지는 여전히 버려진 채 흰 눈에 덮여 다시 흰 강아지로 되어 간다.

밤은 무심히 깊어 가고 산책 나온 이들도 무심히 지나간다. 대로 저편 높은 아파트 단지엔 새 건물을 올리는 공사가 한창인데, 그 위로 눈 내리는 하늘에 노란 별 하나가 떴다. 착한 강아지는 별이 되어 마땅하다. 그러나 죽어서 슬픈 별이 된들 무엇하랴.
기대가 이뤄질 때 기다림은 그만큼의 기쁨이 된다. 그러나 불안이 현실이 될 땐 그만큼의 슬픔만 더할 뿐이다. 기다림이 더는 미덕이 아닌 총알 같은 세상에, 착한 강아지의 순정한 기다림은 한없이 아름답다. 하지만 그 끝을 목도하는 가슴은 아프고 또 아프기만 하다.

기다리지 않아도 얻을 수 있는 커다란 자들은, 기다려도 얻기가 어려운 작은 이들에게 종용한다. "기다려라. 가만히 있어라." 하지만 기다림은 기다리는 자와 기다리게 하는 자 사이가 대칭이거나, 우위에 있는 자가 열세에 있는 자를 기다려 줄 때나 미덕이 된다. 도성을 버리고 야반도주한 왕조시대의 임금도, 수도를 빠져나간 뒤 다리를 끊어 버린 공화국의 대통령도, 가라앉는 여객선에 어린 학생들을 버려두고 속옷 바람으로 탈출해 버린 선장도 모두 남은 자들에게 기다림을 종용했다. 커다란 자들의 기다리라는 종용이 결국 작은 이들의 슬픔으로 귀결된 비대칭의 역사를 우리는 얼마나 많이 겪어 왔는가.

홀로 애타는 고통을 견디기 위해 또 다른 자신을 불러내면서까지, 작은 강아지는 믿음을 지키려 했다. 그러나 죽음에 이르도록 커다란 자는 돌아오지 않고, 끝까지 곁을 지켜 준 것은 작고 하얀 자기 자신뿐이었다. 그러니 세상의 작고 흰 강아지들은 더 이상 검은 강아지로 스러지지 말라. 차라리 흰 들개로 살아남아라. 살아서 버린 자들을 찾아내 물어뜯어라. 더는 슬픈 역사가 싫다.

2018.4.24.

커다란 권력과 조그만 순리
커다란 것을 좋아하는 임금님

안노 미쓰마사, 송해정 옮김
시공주니어

고려의 문신 이곡(1298~1351)이 말했다.

"내가 집이 가난해서 말이 없으므로 혹 빌려서 타는데, 여위고 둔하여 걸음이 느린 말이면 급한 일이 있어도 감히 채찍질을 하지 못하고 조심조심하여 곧 넘어질 것 같이 여기다가, 개울이나 구렁을 만나면 내려서 걸어가므로 후회하는 일이 적었다. 발이 높고 귀가 날카로우며 잘 달리는 준마에 올라타면, 의기양양하게 채찍질하며 고삐를 놓으면 언덕과 골짜기가 평지처럼 보이니 심히 장쾌하였다. 그러나 어떤 때에는 위태로워서 떨어지는 근심을 면치 못하였다. 아! 사람의 마음이 옮겨지고 바뀌는 것이 이와 같을까? 남의 물건을 빌려서 하루아침 소용에 대비하는 것도 이와 같거든, 하물며 참으로 자기가 가지고 있는 것이랴. 사람이 지닌 것 가운데 남에게 빌리지 않은 것이 뭐가 있을까. 임금은 백성으로부터 권력을 빌려 존귀하고 부유하게 되는 것이요, 신하는 임금으로부터 권세를 빌려 총애를 받고 귀하게 되는 것이다. 자식은 어버이에게서, 지어미는 지아비에게서, 비복(婢僕)은 주인에게서 각각 빌리는 것이 또한 심하고도 많은데, 다들 본디 제 것인 양 여기고 끝내 돌이켜 생각해 보질 않으니 어찌 어리석은 짓이 아니겠는가…."

-〈차마설借馬說〉,《가정집稼亭集 권7》

그림책 속에 딱 그렇게 어리석은 이가 있다.《커다란 것을 좋아하는 임금님》. 이 친구는 실은 커다란 것'만' 좋아한다. 커다란 모자를 쓰고 커다란 자전거를 타고, 커다란 칫솔로 이를 닦고, 커다란 악기로 연주하는 음악을 들으며 커다란 접시에 커다란 포크와 나이프로 음식을 먹는다. 후식 초콜릿도 아주 커다란 것을 대령하게 해서 조금씩 핥아 먹는데, 그러다 충치가 생기자 징징 울면서 아주 커다란 집게를 만들게 하여, 그것으로 이를 뽑는다. 주치의가 땀을 뻘뻘 흘린 건 당연한 일.

임금의 '큰 것 편향'은 극에 이르러 급기야는 백성들을 동원해 커다란 연못을 파고, 커다란 낚시를 드리워 아주 커다란 물고기를 잡고 싶어 하니, 미련한 신하들이 커다란 고래를 잡아와 커다란 낚싯바늘에 걸어 준다. 연못을 파 낸 흙으로는 커다란 화분을 만들고 빨간 튤립 알뿌리 하나를 심어 놓는다. 그러고는 날마다 화분을 바라보는 것이 커다란 즐거움이다. '화분이 크니까 틀림없이 아주아주 커다란 튤립이 필 거야.'

이런 위정자가 어찌 이야기 속에만 있을까? 제 권세를 믿고 제가 좋아하는 짓만 하려 드는 자들. 그들은 제 눈에 드는 사람만 가려 쓰고, 제 맘에 들지 않는 자는 주저 없이 내친다. 만나고 싶은 자만 만나려 하고, 듣고 싶은 말만 들으려 한다. 저 하고 싶은 일이라고 함부로 혈세를 동원하고 마구잡이로 국토를 파헤친다…. 현실에 이런 권자들이 드물지 않다. 그런데 그들의 권세가 본디 자기 것인가? 700년 전 왕조시대에 국록을 먹던 사람의 인식도 위에 적은 바와 같은데. 이곡의 글은 이렇게 이어진다. "그러다가 혹 잠깐 사이에 그동안 빌렸던 것을 돌려주는 일이 생기게 되면, 만방(萬邦)의 임금도 독부(獨夫)가 되고 백승(百乘)의 대부(大夫)도 고신(孤臣)이 되는 법이니, 미천한 자의 경우야 더 말해 무엇 하겠는가. 맹자가 말하기를 '오래도록 빌려 쓰고도 돌려주지 않았으니, 그들이 자기의 소유가 아니라는 것을 어떻게 알겠는가.'라고 하였다.…" 인용한 맹자의 말에 역성혁명론의 싹이 돋아 있다.

그러나 그림책의 이야기는 이렇게 끝을 맺는다. "봄이 되었습니다. 어마어마하게 커다란 화분에서는 아주 작고 귀여운 튤립 한 송이가 피어났습니다." 그 어떤 권력도 순리를 거스를 수는 없다. 이 그림책을 지은 안노 미쓰마사는 임금이 스스로 깨닫기를 바라는 듯하다. 이 책을 보는 독자들의 마음도 그와 같을 터. 커다란 화분 속에 꼿꼿이 서 있는 빨간 튤립 한 송이가 당황한 임금의 눈을 똑바로 쳐다보고 있다.

2015.7.24.

우거진 물풀 속에서 무슨 일이 일어났을까
이건 내 모자가 아니야

존 클라센, 서남희 옮김
시공주니어

물고기 한 마리 헤엄쳐 간다. 머리에 중산모 올려 쓰고서. 녀석은 독자들에게 제가 쓴 모자의 내력을 들려준다. "이건 내 모자가 아니야. 그냥 몰래 가져온 거야. 커다란 물고기한테서 슬쩍한 거야."… 도둑질한 모자였구나!
자신의 범죄 행각을 일러 준들 책 밖의 독자들은 책 속의 이야기에 개입할 수 없다. 그 사실을 잘 아는 걸 보니 녀석은 교활하다. 그리고 자못 의기양양하다. "모자를 가져가는 줄도 모르고 쿨쿨 잠만 자던데? 커다란 물고기는 아마 오랫동안 잠에서 안 깰 거야. 잠에서 깨더라도 모자가 사라진 건 알지 못할 거야. 모자가 사라진 걸 알게 되더라도 내가 가져갔다는 건 눈치 채지 못할 거야. 내가 가져갔다는 걸 눈치 채더라도 내가 어디로 가는지는 모를 거야."

커다란 물고기의 우매를 확신한 녀석은, 자신만만하게 제 행선지를 밝힌다. "내가 어디로 가는지 너한테만 살짝 말해 줄게. 키 크고 굵은 물풀들이 빽빽하게 우거진 곳에 가는 거야. 그 안에 있으면 잘 보이지 않아. 아무도 날 찾아내지 못할 거야."

그러나 완전한 범죄가 있을까? 이야기 속에도 목격자가 있으니, 눈알을 길게 빼고 옆으로 걷는 게가 녀석을 보았다. 그래도 물고기는 신경 쓰지 않는다. "사실 누가 날 보긴 했어. 하지만 내가 어느 쪽으로 갔는지 아무한테도 말하지 않겠다고 했어. 그래서 난 하나도 걱정하지 않아." 묵인의 대가로 무엇을 주고받았을까?

목격자의 입을 막은 도둑은 이제 자기 행위의 정당성까지 주장한다. "모자를 훔치는 게 나쁘다는 건 알아. 이게 내 것이 아니라는 것도 알아. 하지만 그냥 내가 가질래. 어쨌든 커다란 물고기한테는 너무 작았어. 나한테는 요렇게 딱 맞는데 말이야!" 그리고 이윽고 '그곳'에 다다른다. "와! 드디어 다 왔어! 키 크고 굵은 물풀들이 빽빽하게 우거진 곳이야!" 쾌재를 부르며 훔친 모자를 마음껏 즐기고자 한다. "내가 잘 해낼 줄 알았다니까. 아무도 날 찾아내지 못할 거야."
여기까지가 '도둑 물고기'가 하는 말을 옮겨 적은, 이 책의 글이 전하는 이야기다. 글만 읽은 독자는 분노가 치밀 법하다. 하지만 그림책의 이야기는 그림과 함께 완성되는 것이니, 그림이 보여 주는 상황은 도둑 물고기의 기대와는 사뭇 다르다.

커다란 물고기는 도둑 물고기가 무용담을 늘어놓기 시작할 때 이미 잠에서 깨었고, 도둑이 간 방향을 묵묵히 쫓아갔으며, 그 길에서 마주친 목격자를 매서운 눈으로 노려보아 도둑의 은신처를 알아낸다. 그리고 도둑 물고기가 '아무도 찾아내지 못할 거'라고 믿었던, '키 크고 굵은 물풀들이 빽빽하게 우거진' 그곳으로 쳐들어간다. 이후 글 없이 그림만 이어지는 몇 장면 뒤에 우리는 커다란 물고기가 모자를 되찾아 쓰고 그곳을 나오는 광경을 목도할 수 있다. 그 안에서 어떤 응징과 단죄가 이루어졌을까? 궁금하지만 작가는 알려 주지 않는다.

경험을 통해 우리 '독자'들은, '이야기란 무릇 어떤 현실의 은유'임을 잘 알고 있다. 그래서 종종 이야기로써 우리의 현실을 비춰보곤 한다. 지난한 우리 근현대사는 우리에게 자본과 권력의 교활과 교만과 추한 거래와 파렴치가 만천하에 드러나는 광경을 여러 번 펼쳐 보여 주었다. 이 책 속의 '모자'와 '도둑 물고기'와 '커다란 물고기', '목격자 게', '굵은 물풀들이 빽빽하게 우거진 곳' 들은 그 광경 속의 무엇을 은유하는 것일까? 남의 모자를 훔쳐 쓰고 실컷 뽐을 내며 돌아다니다가, 그 사실을 들킨 뒤에도 아무런 반성 없이 거짓과 꼼수로 빠져나갈 길만을 도모하는 자들에게 우리 '커다란 물고기'들은 어떤 응징과 단죄를 내려야 할까? 이 책이 직접 보여 주는 대신 독자의 상상에 맡긴, 말 없는 마지막 몇 장면을 다시 한 번 찬찬이 들여다본다.

2016.11.15.

"온다!"와 "왔다!" 사이
어리석은 판사

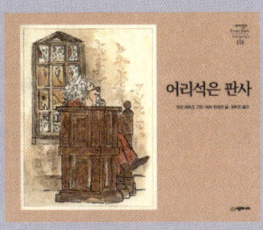

하브 제마크 글, 마고 제마크 그림, 장미란 옮김
시공주니어

이 그림책은 이성을 잃은 법관의 파국을 그리고 있다. 파국은 "온다!"는 진술을 무시하고 탄압하는 데서 비롯된다.
표지를 열면, 판사 하나 근엄하게 앉아 있다. 이어 그 앞에 끌려온 '죄인'이 진술한다. "판사님, (…) 본 대로 말한 것뿐이에요. 무시무시한 괴물이 오고 있어요. 날마다 슬금슬금 다가 오고 있어요. 험상궂은 눈을 부라리고 다니고요, 꼬리털이 북슬북슬해요. 아, 판사님, 이제 기도하는 수밖에 없어요!" 판사가 선고한다. "말도 안 되는 소리. 당장 감옥에 처넣어라!" 두 번째, 세 번째, 네 번째, 다섯 번째 '죄인'의 진술도 한결같다. "괴물이 온다!" 험상궂은 눈, 북슬북슬한 꼬리, 길고 뾰족한 발톱. 잡아먹을 듯 입을 쩍쩍 벌리고, 으르렁그르렁 소리를 내고, 돌멩이도 우둑우둑 씹어 먹으며, 커다란 날개가 달렸고, 화르르 불도 내뿜는단다. 진술이 거듭될수록 괴물의 형상은 또렷해지고, 판사의 선고는 더 거칠어진다. "머리가 이상한 게 틀림없다." "감옥에 가두고 열쇠를 버려라!" "옴짝달싹 못 하게 가두어라!" "거짓말쟁이! 머저리! 멍텅구리! 얼간이!"…

이처럼 무시되고 탄압받은 "온다!"가 역사 속에 숱하다. 왜적, 청군, 양이, 제국주의, 미륵, 개벽, 혁명, 자유롭고 평등한 세상…. 어떤 것은 결국 와서 파국을 초래했고, 어떤 것은 기어이 와서 권력을 끌어내렸다. 어떤 것은 여전히 오지 못해 속을 태운다. 어떤 "온다!"든, 권력은 외치는 사람들을 핍박했다. 어떻게 그리하였나.

중국의 작가이자 사상가인 루쉰이 쓴 글 가운데 〈왔다!(來了!)〉(1919)라는 시평(時評)이 있다. 글 속에서 군벌 중국의 언론과 자본과 관리와 검찰당국은 "과격주의가 왔다!"고 떠들어 댄다. 그러면서 '노동자들을 감시하고 과격 단체 결성 여부를 엄중 조사'한다. 글은 거기까지 말하지만 역사는 그 뒤를 일러 준다. 감시하고 조사한 뒤에는, '처넣었다.'

우리 역사에도 수많은 "왔다!"가 있다. "빨갱이가 왔다!" "안보 위기가 왔다!" "북한군이 왔다!" "의식화가 왔다!" "과격 불순 세력이 왔다!"… 권력은 그렇게 겁박하며 양민을 학살하고 민주주의를 말살하고 학생과 지식인을 잡아 가두고 노동자와 철거민을 사냥하고 국정을 농단했다. 그리하여 그들은 무엇을 챙겼는가, 그리고 결국 어떻게 되었는가.

그림책의 결말은 이렇다. '미치광이들이 왔다'며 판사가 사람들을 마구 처넣는 사이, 괴물은 와서 창밖에 다다랐다. 급기야 법정의 문을 열고 들어와, 판사를 덥석 물어 씹어 삼켜 버린다.

거칠게 말하자면, 역사는 "온다!"고 외치는 자와 "왔다!"고 떠드는 자의 싸움이다. 이 그림책이 보여 주는 것은 그 싸움의 한 양상이다. 이렇게 생각하면, 소위 '사법 농단'이라 불리던 사태의 복잡한 속내가 정리된다. 고위 법관들이 "온다!"는 진술의 진위를 꼼꼼히 따져 보는 상식적 판사들을 감시하면서 부당한 판결로 정권과 거래해 온 행태의 근저에는 "왔다!"고 떠들며 기득을 지키는 권력의 카르텔이 있었다.

그렇다면 책 속의 '어리석은 판사'는 '어리석은' 판사이기만 한 것이 아니다. 그들의 판단이 타인의 자유와 권리를 좌우하는 모든 권력들의 아바타인 것이다. 그래서인가, 이 책의 원제는 'The Judge', 그냥 '판사'다.

그러니 이 그림책은 "온다!"고 외치는 이들을 "왔다!"로 핍박하고 잇속을 챙기는 모든 권력에게 보내는 경고다. 그러다간 결국 오고야 만 괴물에게 씹어 먹힐 것이라는. 이쯤에서 궁금해진다. 판사를 우둑우둑 씹어 먹는, 그러나 누추한 죄수들은 손끝 하나 건들지 않는 저 괴물의 정체는 무엇일까?

2018.8.11.

이 이야기의 주인공은 누구란 말이냐
아무도 지나가지 마!

이자벨 미뇨스 마르틴스 글, 베르나르두 커르발류 그림, 민찬기 옮김
그림책공작소

종이책이 갈수록 위축된다. 백과사전을 비롯한 사전류는 거의 명맥이 끊어졌고, 문학서나 교양서도 전자책의 비중이 점점 더 커지고 있다. 문자는 종이 위에서든 전자기기의 화면 위에서든 동일성을 잃지 않으니 그럴 만하다. 그러나 모든 책이 전자책이 되어도 끝까지 종이책으로 남을 것이 있으니, 바로 그림책이다.

커다란 책, 조그만 책, 기다란 책, 높다란 책, 구멍이 뚫린 책, 접었다 펼치는 책, 책장의 앞뒷면으로 그림이 연결된 책…. 그림책은 형식 자체가 내용의 일부를 이룬다. 지혜로운 작가들은 종이책의 그 '물성'을 질료로 삼아 그림책 예술만의 표현적 가능성을 실현한다. 《아무도 지나가지 마!》도 그런 책이다.

종이를 접어 묶은 것이 책이니, 책에는 반드시 한가운데 접힌 부분 – '접지선'이 있다. 이 책은 접지선을 모티프로 이야기가 전개된다. 속표지에서 말 탄 장군이 병사에게 명령한다. "이제부터 너는 꼼짝 말고 아무도 못 지나가게 지켜!" 장군이 지키라는 것은 나라도 백성도 아닌, 고작 접지선의 오른쪽 지면. 까닭도 대단치 않다. 자신만이 그곳의 주인공이고 싶기 때문. 충직한 병사는 꼼짝 않고 그 경계를 지키며 소리친다. "멈춰요! 여기서부터는 누구도 오른쪽으로 지나갈 수 없어요." 지나가려던 사람들이 정체를 이룬다. 저마다 지나가야 하는 이유가 있건만, 병사가 지키는 이유는 단 하나, 장군의 명령이다.
정체는 극에 이르고 불만은 고조된다. 명분 없는 병사 또한 말문이 막힌다. 그때 숨통을 틔우는 것은 역시 아이들이다. 두 꼬마가 갖고 놀던 공이 경계를 넘어간 것. "군인 아저씨, 우리 공이…." 어찌 동심을 외면하랴. "그럼… 빨리 지나가세요. 이번 한 번만…." 아이들이 먼저 경계를 넘어서고 어른들이 뒤따른다. "어서 지나가세요. 하지만 우리끼리 비밀로 해요."

그때, 장군이 나타난다. "도대체 무슨 일이냐? 아무도 지나가지 못하게 하랬잖아!" 부하들에게 소리친다. "저 녀석부터 당장 잡아!" 하지만 군중이 가만있지 않는다. "누구 맘대로!" "그는 우리의 영웅이야!" "이 책은 우리 모두의 것이야!" 부하들도 합세한다. "야호!" "만세!"

자유로운 군중은 이미 오른쪽 지면마저 떠나갔는데, 홀로 남은 장군만이 분개하여 전형적인 꼰대의 대사를 읊조린다. "어리석은 것들 같으니라고! 지금 이 꼴이 대체 뭐야. … 아주 엉

망진창이 되어 버렸구나!" '난동'의 흔적을 바라보며 한탄한다. "나는 이제 여기를 떠나겠다. 이 이야기의 주인공은 도대체 누구란 말이냐?" 정말로, 그는 여전히 주인공이 누구인지를 모르고 있다.

종이책의 좁다란 접지선이 오만한 장군이 멋대로 그은 출입통제선이 되고, 가로세로 20여 센티미터짜리 지면이 발 딛을 수 없는 금기의 땅이 되었다. 경계를 넘어간 공 하나가 강고하던 통제선을 무너뜨리고, 맨손의 군중들이 무장한 장군을 혼내주었다. 그리하여 십여 장짜리 종이묶음이 발랄한 봉기의 현장으로 변하였다. 이 신기한 일들을 가능하게 하는 것이 바로 동심을 담은 종이책 - 그림책의 힘이다.
그런데, 실제로 달라진 게 무어 있느냐고? 이야기의 주인공이 도대체 누구인지 생각해 본 사람들이 생겼다. 적어도 이 책을 본 사람만큼은 말이다. 모든 책이 다 사라진다 해도 끝까지 남아야 할 종이책이 있으니, 바로 그림책이다. 라고 주장하는 이유다.

2016.8.2.

대들지 않는 것들은 힘이 없는가
참파노와 곰

야노쉬, 전희경 옮김
시공주니어

'재주는 곰이 부리고 돈은 왕 서방이 챙긴다'는 속담이 있다. 이 책 속의 참파노가 속담 속의 '왕 서방'이다. 참파노는 붉은 트럭을 타고 다니며 곰을 부려 돈을 번다. 어느 날 참파노가 우리 마을에 왔다. "신사숙녀 여러분, 곰이 재주를 부리고, 춤추는 모습을 구경하십시오. 이 곰은 무엇이든 내가 시키는 대로 합니다. 나는 힘센 참파노입니다."

참파노는 곰의 한 손을 밧줄로 묶어 끌고 다니며 채찍을 휘둘러 곰을 다스린다. 곰의 머리를 꾹 눌러 절을 시키고, 채찍을 던진 뒤 물어 오게 하고, 물구나무를 서게 하고, 공중제비를 넘게 하고, 큰 통을 굴리게 한다. 북을 치며 풀밭을 행진하게 하고, 공중에 매어 놓은 줄 위를 아슬아슬하게 걷게 하고, 클라리넷 소리에 맞춰 춤도 추게 한다. 곰은 저항하지 않고, 우리는 생각한다. '곰이 꼼짝 못하는 걸 보니, 참파노는 정말 힘이 센가 봐.'

참파노는 곰의 머리를 장화 발로 짓밟아 다시 한 번 억지 절을 시키며 소리친다. "자, 보십시오! 무엇이든 내가 시키는 대로 하지 않습니까!" 우리는 거듭 생각한다. '참파노는 정말 힘이 센가 봐. 곰이 꼼짝도 못하잖아.'

그때 재미난 일이 벌어진다. 파리 한 마리가 곰에게 날아와 윙윙거린 것. 곰이 파리를 쫓으려 앞발을 들어 올리자 참파노가 밧줄을 당기며 소리친다. "안 돼! 가만히 있어! 움직이지 마! 움직이지 말라니까! 내 말 안 들려!" 하지만 곰은 자꾸만 움직이고 마침내 파리를 향해 앞발을 휘두른다. 그러자 밧줄이 홱 당겨지더니, 뚱뚱한 참파노가 공중으로 날려 올라간다. 파리가 주위를 빙빙 돌자 곰도 빙빙 돌고, 참파노도 공중에서 빙빙 돈다. 우리는 생각한다. '참파노는 밧줄을 풀 수 있을 거

야.'

그러나 우리의 생각은 빗나간다. 밧줄은 끊어지고, 참파노는 더 높이 날아가 버린다. 멀리멀리 사라진다. 파리를 쫓아다니던 곰도 멀리멀리 숲속으로 사라진다. 참파노는 다시는 돌아오지 못했다. 하지만 자주 우리 마을 위를 날아 지나간다. 위성처럼 영원한 궤도 비행을 하며.

낯선 사람들이 우리 마을에 들러 하늘을 날아다니는 이상한 남자가 누구냐고 물으면 우리는 참파노 얘기를 해 준다. "참파노는 대들지 않는 것들은 다 힘이 없다고 생각했습니다. 참파노는 자기가 곰을 이길 수 있고, 붉은 트럭을 타고 온 나라를 돌아다니며 서커스를 할 수 있을 거라고 생각했답니다."

30여 년 전, 멀고도 먼 독일의 작가가 제 나라 옛이야기를 다시 쓰고 그려 만든 이 그림책에 지금 여기의 풍경이 겹쳐 보이는 것은 나만의 환영일까? 참파노의 밧줄과 채찍과 장화 발이, 세월호 가족들의 아픔에 동참하며 진상 규명을 요구하는 어린 학생들에게 수백만 원의 벌금을 때리고 역사 독점에 항의하는 지식인들에게 '종북'의 딱지를 들이밀어 협박하는 권력의 은유로 느껴지는 것이 나만의 착각일까?

나는 참파노의 파국이 지금 여기에서 재연되기를 바라지 않는다. 숱한 곰들이 피땀 흘려 이룩한 성장과 발전, 민족과 민주의 역사를 통째로 갈취하려 드는 왕 서방들이 당장 밧줄과 채찍과 장화 발을 거두고 곰들에게 머리를 숙인다면 말이다.

2015.11.13.

그림책 속에서나 가능한 일일까
제무시

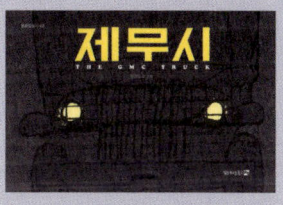

임경섭
평화를품은책

'제무시'는 미국 자동차 회사인 지엠사의 로고 GMC를 일본식 영어 발음으로 부르는 말이다. 우리나라에서는 특히 해방 뒤 미군정 때부터 한국전쟁기까지 미군을 따라 들어온 군용 트럭을 일컫는다. 전쟁 뒤에는 한국군이 쓰다가 민간에 불하하여 재건사업에 두루 쓰였고, 벌목한 나무를 실어 나르는 산판차로도 널리 쓰였다. 요약하면 한국전쟁 전후에 쓰인 미군

트럭을 일본식으로 부르는 말이니, 굴곡진 우리 근현대사가 투영된 착잡한 이름의 탈것이다.

그 제무시들에게 이 그림책이 인격을 부여하고 이름 대신 번호를 붙여 주었다. '389', '436', '625'. 제무시 석 대가 적막한 시골의 읍사무소 창고에서 산속 숯골 사이를, 여러 날 동안 날마다 왕복한다. 사람들을 가득 싣고 갔다가 텅 빈 차로 돌아온다. 갔다가 돌아오는 그 사이에, 산속에선 총소리가 하늘을 찌르고 놀란 새들이 허공으로 날아오른다.

적막한 시골은 경남 김해의 어느 마을이요, 돌아오지 못한 사람들은 '국민보도연맹원'들. 1950년 7월 어느 날, 전쟁이 일어나고 전선이 남쪽으로 밀려 내려오던 무렵이었다. 총 쏜 자들은 남한의 군경이었으니, 전선에서 북쪽의 적군을 향해야 마땅했을 총구가 남쪽의 양민들을 겨누었던 것이다.

알려진 대로 국민보도연맹은 1949년, 이승만 정권이 일제 때의 친일 전향 단체였던 '대화숙'을 본떠 '좌익에서 전향한 사람들을 계도해 대한민국 국민으로 받아들인다'는 명목으로 만들고, 좌익과는 상관없는 사람들까지 대거 가입시켜 감시, 관리한 사상 통제용 관변 단체였다. 그런데 전쟁이 일어나자 이들이 북에 동조할지 모른다는 이유로 무차별 학살했으니, 피살자의 수는 2009년에 '진실·화해를위한과거사정리위원회'가

확인한 것으로 4,934명, 비공식적으로는 수만에서 수십만으로 추정된다.

그림책 《제무시》는 이 끔찍하고도 어처구니없는 비극을, 거기 동원된 제무시들의 관점에서 기술한다. 색깔 한 점 없이 간략한 먹선과 목탄만으로 표현된, 이성도 감정도 소거된 채 사건만이 진행되는 그 숨 막히는 공간에서 부당한 임무를 말없이 수행하던 제무시 625호는, 네 번째 학살의 날 돌아오는 길에 제 몸에 실려 갔던 사람들이 죽음을 예감하고 길바닥에 던져 놓은 고무신의 행렬을 본다.

그날 밤, 헤아릴 수 없이 많은 고무신들이 산을 이루는 꿈을 꾼다. 그리고 해가 뜨지 않은 이튿날, 625호는 또 다시 사람들을 싣고 산을 오르다 중턱에서 꼼짝 않고 멈춰서 버린다. 화가 난 436호에게, 화가 난 389호가 말한다. "우리는 각자 맡은 일을 묵묵히 하면 돼." 산속에선 다시 총소리가 울리고, 빈 몸으로 되돌아온 두 제무시가 625호를 향해 돌진한다. 피하려던 625호는 비탈길을 벗어나 산 아래로 곤두박질쳐 부서진 채 불타 버린다. 불타면서 625호는 환영을 본다. 고무신들을 싣고 산속이 아닌 마을로 향하는 자신의 환영.

이 그림책은 반세기도 훨씬 전 부당한 국가폭력에 동원된 사람들의 양심과 저항, 침묵과 안일의 은유임이 분명한데, 그럼에도 최근까지 이 나라 정치권력의 핵심부에서 일어났던 여러 인격들의 행태에 고스란히 겹쳐진다. 친일과 독재, 권위주

의와 특권, '종북좌빨'의 이념몰이…. 역사를 유린해 온 세력의 잔재와 쌓인 폐단이 청산되지 못한 채 되풀이되어 온 까닭이다.

더는 참을 수 없었던 시민들이 들고일어나 양심을 저버린 인격들에 이름 대신 번호를 붙여 주었다. 921, 4990, 519, 503…. 이제라도 그들이 고개를 숙여 역사의 길목마다 널린 고무신들을 발견하고, 아집과 미망의 행진을 멈추길 바라는 것은 무리인 걸까. 그것은 그림책 속에서나 가능한 일인가?

2017.6.1.

끝내지 않아도 괜찮은 전쟁은 없다
숨바꼭질

김정선
사계절출판사

전쟁은 나쁘다. 사람을 죽이고, 집을 부수고, 사랑하는 사람과 헤어지게 만든다. 어떤 전쟁은 괜찮다는 주장도 있다. 아무리 그럴싸해도, 전쟁을 한들 죽거나 부서지거나 헤어질 일이 없는 자들의 논리다. 이 그림책은 그렇지 못한 대다수의 이야기다. 죽고 부서지고 헤어진 이야기.

순득이와 순득이, 양조장집 박순득과 자전거포 이순득은 늘 붙어 다닌다. 해가 나고 달이 날 때까지 온종일 내내. 그러나 전쟁 전까지만 그랬다. 손잡고 뛰놀던 길에 피란 행렬이 이어지던 날, 둘은 헤어진다. 박순득은 남고 이순득은 떠나고. 곧 다시 볼 줄 알았으리라, 숨바꼭질할 때처럼. 그 바람으로 둘은 숨바꼭질을 시작한다.

남은 순득이가 먼저 술래다. "꼭꼭 숨어라, 머리카락 보일라." 떠난 순득이는 산길을 넘고, "꼭꼭 숨어라, 달님이 찾을라." 콩밭 고랑에 누워 자고, "꼭꼭 숨어라 해님이 찾을라." 강을 건너고. "꼭꼭 숨어라, 머리카락 보일라." 남은 순득이가 숨바꼭질 노래의 마지막 소절을 부를 때, 떠난 순득이는 지나온 강 건너, 산 너머로 향해 가는 폭격을 본다.

그리고 이어지는 술래의 물음, "숨었니?" "숨었다!" 피란지에 머물게 된 순득이는 마을에 남은 순득이의 상기된 목소리를 듣고 싶었으리라. "어디 어디 숨었니? 남색 치마 보인다. 하얀 얼굴 보인다." 고달픈 피란처에서도 책을 펴든 제 모습을 보여 주고 싶었으리라. "찾았다, 순득이!" 술래가 그렇게 외칠 수 있도록.

폭격이 전황을 바꾼 것일까, 이제 술래가 바뀌었다. 떠난 순득이가 남은 순득이를 찾을 차례. 다시 강을 건너며 "꼭꼭 숨어라. 머리카락 보일라." 들을 지나며 "꼭꼭 숨어라, 달님 아래 지난다." 산을 넘으며 "꼭꼭 숨어라, 해님 아래 지난다. 동구 밖에 다 왔다."… "찾았다, 우리 집!" 순득이는 부서진 집을 찾고, "찾았다, 점박이!" 탄피 널린 폐허 속에서 양조장집 강아지 점박이를 찾았다. "찾는다, 박순득!" 이제 순득이만 찾으면 되는데, 폭격 맞은 '순득이네 양조장'에 순득이는 보이지 않는다. "어디 어디 숨었니?" 온 마을을 뒤져 봐도….

술래는 풀이 죽었다. "못 찾 겠 다. 꾀 꼬 리." 다시 술래가 되어도 좋으니 이제 그만 나와 달라는 순득이 앞에 점박이가 물어다 준 것은 친구의 신발 한 짝. 순득이는 영원한 술래가 되고 만 것인가.

눈 쌓이듯 시간이 흐르고, 복구된 '순득이네 자전거포'는 '이가네 자전거포'로 간판을 바꿔 달았다. '순득이네 양조장'이 사라졌으니 '순득이네 자전거포'도 의미를 잃었나 보다. 버겁게나마 커다란 짐자전거를 탈 수 있을 만큼 자란 순득이가, 짐칸에 친구의 신발 한 짝을 실은 채 천막 학교 앞에 멈춰선 장면으로 그림책은 이야기를 닫는다. 부서진 학교는 그렇게라도 다시 세울 수 있으나, 잃어버린 친구는 어찌할 것인가.

그 시절의 순득이들이 잃어버린 사람이 친구뿐이랴. 부모와 형제, 피붙이들과, 못잖게 소중한 많은 관계들…. 숱한 '순득이'들이 신발 한 짝씩 가슴에 품고 짐자전거처럼 버거운 삶을 끌고 왔으리라.

그 전쟁을 '멈춘' 지 65년, 이제 끝내자는 열망이 가득한데 복잡한 셈속으로 까탈을 부리는 자들이 있다. 전쟁이 나도 죽거나 부서지거나 헤어질 일이 없는 사람들이다. 누가 시작했든 누가 멈췄든, 전쟁으로 죽고 부서지고 헤어지게 되는 쪽은 언제나 우리다. '종전'은 더 이상 그런 일이 없게 하는 일이다. 우리, 순득이들의 종전을 훼방 놓지 말라. 끝내지 않아도 괜찮은 전쟁은 없다.

2018.10.12.

작은 관심이 아픈 영혼을 구한다
울음소리

하수정
웅진주니어

우리나라를 비롯한 한자문화권에서 책을 이르는 말은 여러 가지다. 소설책·역사책·책방·책갈피 따위의 '책册'이 있고, 교과서·학술서·독서·서점의 '서書'가 있으며, 단권·전권·서권 등의 '권卷'이 있고, 사전·법전·고전의 '전典'이며, 성경·불경·유경의 '경經'도 있다.
'책册'은 종이가 없던 시절, 나무(木)나 대나무(竹)를 깎아 만든

긴 막대(簡) - 목간과 죽간에 글자를 써서 이어 묶은 형상의 상형(象形)이니 내용을 담는 물질적 형식의 측면을 이르고, '서書'란 '붓을 쥐고(聿) 평면에(一) 쓴 중요한 말씀(曰)'이라는 뜻의 회의(會意)이니 형식에 담은 정신적 내용의 측면을 이른다. 그래서 '독책'보다 '독서'가 뜻에 어울리고, '서꽂이'나 '서갈피'가 아닌 '책꽂이', '책갈피'가 모양에 자연스럽다. 그런가 하면 '도서관'은 책冊뿐만 아니라 전자정보까지 다루고 있는 오늘날에도 썩 어울리는 말이다.

목간과 죽간은 둘둘 말아서 지니거나 옮겼으므로 '두루마리 권卷'이 책의 단위를 일컫는 말이 되었다. 한편, 한 번 죽 읽고 말 내용이 아니라 책상(丌)에 올려 둔 채 수시로 참조하거나 공손히 받쳐들(廾)어야 할 만한 내용을 담은 책冊이 있으니 '전典'이 그것이요, 신앙이나 처신에 베틀의 날실(經)처럼 기준으로 삼아야 할 중요한 내용이 있으니 '경經'이 그것이며, 그러한 '경經'을 담은 거룩한 책을 '경전經典'이라고 한다. 그밖에도 담은 내용과 엮은 형식에 따라 '전(傳)'이니 '지(誌)'니 '집(集)'이니 하는 것들이 있으나, 이 글이 말하고자 하는 바와 거리가 있으니 논외로 하자.

무언가를 적고 읽는 인간의 행위는 인류가 멸종하지 않는 한 그치지 않을 것이어서 '서書-내용'은 그것을 담는 그릇이 컴퓨

터로 바뀌든 스마트폰으로 바뀌든 또 다른 무엇으로 바뀌든 사라지지 않을 것이다. '책冊-형식'의 경우는 좀 다르다. 오랫동안 독보적이었던 종이책의 지위가 흔들리고 있으니, 오늘날 사전이나 법전, 백과사전 따위를 종이책으로 읽는 사람은 거의 없고 시나 소설, 실용서, 교양서처럼 문자로만 된 책들도 음성책이나 전자책으로 접하는 이들이 점차 많아지고 있는 것이다.

그런데 그림책은 다르다. 어디에 얹히든 전하는 바가 달라지지 않는 글과 달리, 이미지인 그림은 그것이 그려지는 평면의 크기와 비례, 모양과 질감 같은 물질적 속성에 따라 느껴지는 바가 매우 달라서, 그림을 주된 표현수단으로 삼는 그림책은 종이책이라는 물질적 형식으로부터 분리될 수가 없다. 또한 그림책에서 접고 펴고 자를 수 있는 종이의 물성과 넘기고 펼치고 뒤적일 수 있는 책의 물성은, 표현의 질료로써 활용될 뿐만 아니라 그 자체로 전달하고자 하는 내용을 이루기도 한다. 말하자면 그림책은 '서書'가 곧 '책冊'이 되고 '책冊'이 곧 '서書'가 되는 독특한 미디어이어서 아주 오랫동안 종이책으로 남아 있을 수밖에 없다. 한편으로 그림책의 이러한 특성을 간파한 작가들은 '서와 책의 아름다운 통합'에 주의를 기울이면서, 종종 창작활동의 중심을 '책으로써 서를 표현하는 작업'에 두기도 한다.

하수정의 《울음소리》는 종이의 물성을 한껏 활용하여 '서'와 '책'이 하나 되는 아름다운 광경을 보여 주는 그림책이다. 제목이 말하듯 이 그림책은 소리로부터 시작한다. 그 소리는 이 책을 감싼 북 케이스에 담겨 있다.

한 사람이 아파트 베란다에서 분분히 날리는 꽃잎을 바라보는 봄날의 풍경이 가득 그려진 케이스를 열어, 그 안에 차곡차곡 접혀 있는 책을 꺼낸다. 케이스와는 달리, 한쪽 귀퉁이에만 무채색 연필선이 헝클어진 머리칼처럼 어지럽게 그어진 표지. 열어 보니 그림 속에서 작은 소리가 들려온다. 종이 위에 번진 옅은 물감처럼 희미한 그 소리는 '쉿!' 하고 내가 내는 소리들을 잠시 멈추어야만 들을 수 있다. "방금 저 소리 들었어?" "무슨 소리?" "잠깐만." 귀를 기울이면 또렷해지는 소리…, '울음소리'다. 어린아이의 울음소리.

숨을 죽이고 책장을 넘길 때마다 소리는 점점 가까워진다. 아니, 우리가 그 소리를 향해 점점 이끌려간다. 어느 아파트의 어느 집에서 톡 배어 나온, 심상한 연둣빛 작은 점으로 시작한 그 소리는, 책장이 인도하는 대로 우리가 집을 나와 길을 지나고 현관을 지나고 계단을 오르고 복도를 따라가는 동안, 심상치 않은 자줏빛으로, 불안한 빨강으로, 때론 터지는 듯한 노랑으로 색깔을 바꾸며 우리의 심상 속에 번져 간다. 그리고 마침내 소리의 발원지인 어느 집 문 앞에 이르러, 그 집 문을 열 듯 마지막 책장을 넘겼을 때, "도와주세요." 우리는 울음마저 말라 버린 듯 메마른 목소리를 만나게 된다. 목소리의 주인공은 누구일까?

묶인 것이 아니라 접혀 있던 이 그림책은 우리가 넘긴 뒤표지에서 다시 시작한다. 이번엔 넘김이 아니라 펼침으로써. 자르고 접어서 만든 이 그림책을 다시 펼치고 이어 보니, 그것은 한 장의 커다란 종이이기도 하였다. 그리고 거기, 얼굴 여기저기에 멍이 든 작은 여자아이가 슬픈 눈으로 우리를 바라보고 있다. "도와주세요."…

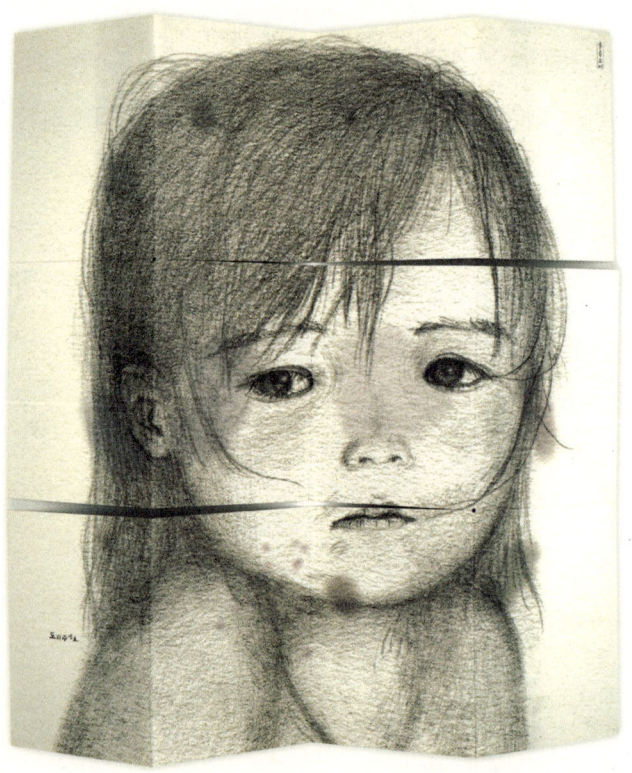

차마 그 눈길 마주할 수 없어, 머뭇거리다 용기를 낸다. 한참을 바라보다가 다시 가지런히 책을 접어, 봄날 풍경 가득한 케이스에 넣고 생각에 잠긴다. 봄 풍경 같은 이 세상에, 귀 기울이지 않으면 들리지 않는 울음소리들이 얼마나 많을까.

책은 거기 놓여 있을 땐 한 다발 종이 묶음에 지나지 않는다. 독자가 그것을 집어 들어 펼치고 넘길 때, 비로소 거기 담긴 이야기가 시작되고 의미가 살아난다. 나아가 이 책은 독자가 손수 케이스를 열고 꺼내어 펼치고 넘기고 다시 펼치는 수고를 아끼지 않을 때, 차곡차곡 접힌 채 들리지 않던 소리를 들려주고 보이지 않던 모습을 보여 준다. 그리하여 우리가 외면하고 있던 진실과 마주하게 해 주는 것이다. 친권이라는 이름의, 혹은 훈육이라는 이름의 폭력에 무참히 스러져 버릴지 모를 작은 영혼들의 울음소리에 귀 기울일 수 있게 해 주는 것이다. 무엇이 이 작은 그림책에 그런 힘을 부여하고 있는가? '서書'와 '책冊'이 하나 된 아름다운 통합의 힘….

책이 그러하듯이 세상 모든 것은 내용과 형식을 갖고 있다. 그것은 서로가 서로를 담보하는 두 측면이다. 내용과 형식이 잘 맞아떨어질 때 내용은 분명해지고 형식은 쾌적해진다. 그리고 그 합이 효율적이고 의미로우며 아름다워진다. 그러나 반대로 그 둘이 삐걱거리고 서로를 배반하게 되면, 의미는 바래고 효율은 곤두박질치며 모양새는 추해진다. 내용의 실체가 무엇인지, 형식이 그에 어울리는지 잘 들여다보아야 할 때인 것이다.

이 책을 함께 읽은 지금, 이른바 '대선 국면'이다. 정치세력들이 앞 다투어 세상이라는 책을 제 뜻대로 만들겠다고 나서고 있다. 좋은 세상을 만들려면 먼저 세상을 제대로 보아야 한다. 고통스럽더라도, 밝고 따사로워 보이는 풍경에 가려진 춥고 어두운 진실을 들여다보아야 한다. 그리고 더는 진실이 어둡고 춥지 않도록 그것을 꺼내어 펼치고 넘기며 방법을 모색하고 실천해야 한다. 그것이 정치권력이 해야 할 일의 내용이며 그 내용을 담는 형식이 정부조직이다.

지난 2020년 한 해 동안 신고 접수된 아동학대사건이 3만 905건이다. 경찰청에 접수된 가정폭력사건은 22만2046건, 성범죄사건은 158만7866건.(통계청) 가려진 것은 그보다 훨씬 더 많을 것이다. 한편으로 젠더 간 차별은 여전하고 갈등은 날로 심해지고 있다. 이런 문제들의 해결이 정치권력이 해야 할 일의 내용이며 그 형식이 '여성가족부'니 '보건복지부'니 하는 정부조직이다. 선정적으로 '폐지' 운운할 것이 아니라, 내용을 잘 들여다보고 그에 맞는 형식을 고민해야 할 일이다. 누가 그렇게 하여 '서'와 '책'이 하나 되는 작품을 만들 것인가? 그러나 궁극적으로 책을 완성하는 주체는 독자인 우리다. 우리 모두가 '울음소리'에 주의를 기울여 학대받는 아이들을 비롯한 아프고 춥고 배고픈 사람들을 찾아내 가리키면서, 내용과 형식을 아름답게 통합할 적임자를 가려내야 한다. 그랬을 때 세상이라는 '좋은 책' 한 권을 가질 수 있다. 서와 책이 하나 된 그림책 《울음소리》가 말한다. "외면하지 않는 작은 관심들이 모여 아픈 영혼을 두루 구할 수 있다."

2022.1.16.

붙이는 글

'구월산 산도적'의 말간 목소리

내가 김장성을 처음 본 것은 파주의 한 출판사 마당, 어떤 행사 자리에서였다. 이름 석 자와 그림책 잘 만드는 유명한 편집자라는 평만 들었던 내게 그의 인상은 좀 어리둥절한 것이었다. 그는 섬세한 손과 예리한 눈으로 책상 앞에 앉아 있는 사람이 아니라 구월산이나 양산박에서 바위와 바위 사이를 날듯이 뛰어다닐 사람쯤으로 보였다. 짙은 눈썹 덮인 미간이 좁혀질 때는 눈썹 꿈틀이 아니라 '버럭'이라는 형용이 떠올랐고, 부리부리한 눈에서는 광채가 쏘아져 나올 것 같았다. 두툼한 입에서 나오는 나직하지만 우렁우렁한 목소리는 금세라도 천둥소리로 바뀔 것만 같아 조마조마했다. 그 선 굵으면서 거무잡잡('거무튀튀'라 쓰고 싶은 걸 참는다)한 얼굴을 한 번 본 사람은 절대로 잊어 먹을 수 없을 것이다.

그 뒤 김장성에게 다시 어리둥절한 것은 《민들레는 민들레》를 읽고서였다. 그건 길고 가느다란 손가락으로, 하얀 이마로 흘러내리는 부드러운 머리카락을 쓸어 올리며, 매연 풍기며 바로 옆을 스쳐가는 자동차들에 아랑곳 않고 쭈그리고 앉아, 눈물 그렁한 눈으로 길바닥에 붙은 민들레를 하염없이 들여다보는 시인이 썼음 직한 시였다. 김장성은 내게는 이 두 상반된 이미지가 앞뒤로 붙어 있는 사람이었다.

《사이에서, 그림책 읽기》의 서평 의뢰를 받고 원고를 읽고 나자, 그 두 이미지는 화학적 결합을 이루었다. 제 모습을 유지하며 앞뒤로 붙은 게 아니라 서로 스미고 얽혀 어떤 독자적인 유기체가 만들어지는 것 같았다. 그는 그림책의 '글과 그림 사이, 장면과 장면 사이, 관념과 표현 사이, 내용과 형식 사이, 어른과 아이 사이, 상상과 현실 사이' 같은 '사이'를 언급하지만, 사실 그것으로 멀리 떨어진 두 물체 혹은 현상이나 개념 가운데 있는 빈틈을 말하려는 것은 아닐 터라는 생각이 들었다. 둘이 서로의 존재 이유가 되고 기반이 되고 함께 어떤 완성을 지양하며 나아가야 하는 보완재이자 공동체라는 것을 확인하고자 한 것이 아니었을까. 그리하여 우락부락한 무인 같은 이미지와 창백한 도심의 시인 같은 이미지는 하나가 되었다. 여리고 섬세한 구월산 의적?

의적이라고 표현하고 싶어지는 까닭은 우선 그가 깊이 숨어 있는 어떤 것, 작가가 꽁꽁 숨겨 놓고 싶었던 어떤 것을 찾아내기 때문이다. "임대가 뭐가 좋아, 우린 학원 가야 해!"《우리 집은》라는 말에서 아이 안에 숨은 괴물을 찾아낸다. 딱정벌레를 신발로 내리치려다 말고 잠깐 들여다본 뒤 보내 준 아이《뿔쇠똥구리와 마주친 날》에게서 '한 인격이 살생의 죄를 면하고 한 목숨이 횡사의 변을 피하는 우주적 사건'을 끌어낸다. 거울 속의 자신과 노는 아이《거울 속으로》에게서 '인간의 자격'을 본다. 모자 하나를 둘러싼 물고기 두 마리의 유머 넘치는 작은 실랑이《이건 내 모자야》에서도 역사의 '응징과 단죄'가 걸려 올라온다. 그렇게 그가 찾아낸 것들은 독자가 그림책을 보는 눈에 하나씩하나씩 새로운 조명을 더해 준다. 무겁고 엄정한, 멀고 높게 뻗어나가는 빛을 환하게 나누어 주니 의적의 소행이라 불러도 괜찮지 않을까.

그가 찾아내고 파내고 끄집어내는 것들은 대체로 사회적 격변과 모순, 편견과 불공정, 폭력과 잔인성에 짓눌린 개인의 고통이다. 그러니 그 과정은 편치가 않다. 그는 수많은 '사이'에서 분투한다. "살아서 버린 자들을 찾아내 물어뜯어라."라고 외치는 격렬한 분노《검은 강아지》와 '하청의 말단 노동자로 끼니를 거르며 일하다가 무참히 스러진 열아홉 청년의 죽음에 가슴이 찢어지는' 무력한 슬픔(《상상 이상》) 사이에서, 인류의 공멸이 불 보듯 뻔한 상황이 주는 '상상을 초월한' 공포(《콤비》)와 '기다리고 기다리던 날에 다 같이 신 나게 행진을' 하자는 희망(《평화란 어떤 걸까?》) 사이에서 가슴을 조인다. 고통받고 희생당하는 모든 개체들, 유기동물, 이주노동자, 난민, 세월호 아이들, 고공 농성자들, 임금피크제에 살이 깎이는 사람들, 위험에 내몰리는 비정규직 젊은이들…. 이 모든 것들을 둘러보며 일일이 가슴 아파하고 목소리를 내는 데 힘을 아끼지 않는다. 그러니 얼굴이 말갛고 하얗게 유지될 수가 있나.

하지만 그의 목소리는 말갛고 하얗다. 힘 있지만 부드럽다. 그것은 그의 글의 가장 깊은 기저가 아름다움과 연민과 희망이기 때문일 것이다. 그의 글에서 유독 눈을 끄는 단어가 '이쁘다'이다. 예쁘다도 아닌 이쁘다. '검정 비닐봉지와 양은 막걸리잔과 만 원에 석 장짜리 팬티와 싸구려 사탕까지도 이쁘게 가슴에 안겨 든다.'(《이야기를 그려 드립니다》)가 대표적인 경우다. "보기만 해도 배불러. 한 알 한 알 얼마나 예쁜지 몰라."(《나는 농부란다》)라는 말도 슬쩍 인용한다. '이쁜 치매'(《할머니네 집》)를 언급하기도 한다. 이뻐하는 눈과 마음. 거기에서 그의 연민과 희망도 나오는 게 아닐까. 버럭 일갈하기보다는 목 멘 ('아기고릴라 보보의 한없이 행복한 표정(《안아 줘!》)을 보며 자꾸 목이 메는') 부드러운 목소리, '봄은 오는 것이 아니라 만드는 것(《봄이다》)'이라고 다짐하는 힘찬 목소리에도 이뻐하는 마음이 배어 있는 듯하다.

그래서 그의 글은 결국 공감과 배려, 연대를 통한 변화를 향한다. '공감의 눈길이 절망에 빠진 사람을 구한다. 마주보는 따뜻한 시선이 황량한 세상에 온기를 돌게 한다.(《위를 봐요》)'며 사람들의 눈길을 모은다. '실망을 기대로, 상상으로, 표현으로, 마침내는 협력과 나눔과 창의 가득한 놀이로 이어지게 한 사람'(《아주아주 큰 고구마》)을 찾는다. 그 정점이 《잘 가, 안녕》의 리뷰에서 솟아오른다. 로드킬을 당해 뭉개지고 납작해지고 토막 난 동물들의 사체를 매만져 온전하게 만들어 준 뒤 경건하게 장례의식을 행해 주는 할머니. 김장성은 그 할머니를 닮고 싶어 하는 것 같다. 그는 온도 낮은 종이 위의 글과 그림에 온기를 불어넣어 주고 싶어 한다. 짓눌린 사람들의 마음을 펴 주고 싶어 한다. 그 작업에는 분노와 슬픔, 절망과 희망, 부끄러움과 안타까움이 모두 들어간다. 그렇게 납작하고 차가운 무정에 따뜻한 부피를 불어넣어 유정한 어떤 유기체를 만들고 싶어 한다.

그래서 내게 김장성은 이제 더 이상 어리둥절한 이미지가 아니다. 농사일로 거칠지만(그는 춘천 근처 어디쯤에 3백 평쯤의 밭을 구해서 바쁜 중에도 정성껏 농사를 짓는다) 섬세하게 그림책을 매만질 수 있는 손의 주인에게는 어떤 이미지라도 올라갈 수 있다. 그가 바라는 공감, 배려, 연대가 호미와 펜을 동시에 쥔 그 손끝을 통해 조금씩 이루어질 것을 믿는다.

김서정 (아동문학 평론가, 번역가, 작가)